www.ingramcontent.com/pod-product-compliance
Lightning Source LLC
LaVergne TN
LVHW021239080526
838199LV00088B/4813
9789358720518

جی دار

زندگی کو بہادری سے جینے کا درس دیتی

داستان حیات

ذوالفقار علی بخاری

© Taemeer Publications

Jee Daar
by: Zulfiqar Ali Bukhari
Edition: May '2023
Publisher & Printer:
Taemeer Publications, Hyderabad.

ISBN 978-93-5872-051-8

مصنف یا ناشر کی پیشگی اجازت کے بغیر اس کتاب کا کوئی بھی حصہ کسی بھی شکل میں بشمول ویب سائٹ پر اَپ لوڈنگ کے لیے استعمال نہ کیا جائے۔ نیز اس کتاب پر کسی بھی قسم کے تنازع کو نمٹانے کا اختیار صرف حیدرآباد (تلنگانہ) کی عدلیہ کو ہوگا۔

© تعمیر پبلی کیشنز

کتاب	:	**جی دار**
مصنف	:	**ذوالفقار علی بخاری**
صنف	:	سوانح
ناشر	:	تعمیر پبلی کیشنز (حیدرآباد، انڈیا)
زیر اہتمام	:	تعمیر ویب ڈیولپمنٹ، حیدرآباد
سالِ اشاعت	:	۲۰۲۳ء
تعداد	:	(پرنٹ آن ڈیمانڈ)
طابع	:	تعمیر پبلی کیشنز، حیدرآباد – ۲۴
صفحات	:	۱۳۲
کمپوزنگ و سرورق	:	ذوالفقار علی بخاری (رحیم یار خان، پاکستان)

انتساب

اپنے والدین کے نام
جن کی بہترین تربیت، حوصلہ افزائی اور محبت
کی بدولت کچھ کر دکھانے کا موقع ملا۔

پیش لفظ

اپنی زندگی کو دوسروں کے سامنے بصورت داستان پیش کرنا آسان کام نہیں ہے کہ ایسا کرنے سے ہم بے نقاب ہو جاتے ہیں اور پھر لوگ ہمارے بارے میں سب جان لیتے ہیں۔اگرچہ یہ ایک مشکل کام ہے لیکن ایک طرح سے بے حد نفع بخش بھی ہے کہ اگر ہم کچھ ایسا بیان کریں جس سے دوسروں کی زندگی بہتر ہو سکے یا اُن میں مشکلات سے لڑنے اور کچھ کر دکھانے کا جذبہ بیدار ہو جائے تو پھر ہمارے لکھنے کا مقصد پورا ہو جاتا ہے۔

ہمارے ہاں سچ بولنے کا رواج کم ہے یہی وجہ ہے کہ بہت کم ''آپ بیتیاں'' پڑھنے والوں کو متاثر کرسکی ہیں۔درحقیقت سچ محسوس ہو جاتا ہے کہ کتنا بولا گیا اور جھوٹ کے پردے میں خود کو چھپانے والے عیاں ہو جاتے ہیں۔راقم السطور کی زندگی میں بہت کچھ ایسا ہوا ہے جسے اگر لکھ دیا جائے تو بہت سے احباب اُسے جہاں معیوب سمجھیں گے، وہیں کچھ ایسے ضرور ہوں گے جن کو بہت کچھ سمجھنے، سیکھنے اور اپنی اصلاح کرنے کا موقع ملے گا۔اسی سوچ کو مدنظر رکھتے ہوئے اپنی زندگی کے اہم ترین واقعات، تجربات اور مشاہدات کو سامنے لانے کا فیصلہ کیا ہے تاکہ ایسے افراد جو یہ سمجھتے ہیں کہ صرف ان کے ساتھ ہی کچھ غلط ہوا ہے کسی اور کے ساتھ نہیں ہوسکتا ہے۔وہ اس بات کو سمجھ لیں کہ اچھا اور بُرا سب کے ساتھ ہوسکتا ہے بس اُسے برداشت کرنے اور آگے بڑھنے کا حوصلہ ہونا چاہیے تاکہ ہم زندگی میں محض اپنی کمزوری کی وجہ سے دوسروں سے پیچھے نہ رہ جائیں۔

''جی دار'' میری زندگی کے تجربات اور مشاہدات کا نچوڑ ہے جسے میں نے ہر ممکن حد تک سچائی سے لکھا ہے البتہ کہیں بات کو سمجھانے کے لیے افسانوی رنگ لگایا ہے تاکہ قارئین کو بات سمجھنا آسان ہو سکے۔آپ یوں کہہ لیجیے کہ یہ ایک ایسی داستان ہے جو کئی احباب کی زندگیوں کا عکس پیش کرتی ہے کہ جیسا میرے ساتھ ہوا ہے شاید کسی اور کے ساتھ ویسا ہو چکا ہو۔

مجھے یقین ہے کہ میری سچائی کہیں نہ کہیں آگ ضرور لگا دے گی جس کے بعد مجھے بھرپور تنقید کا سامنا کرنا پڑے گا۔اس لیے یہ ضرور کہنا چاہوں گا کہ سچائی وہ شیر ہے جو اپنا مقابلہ خود کر سکتی ہے۔اس لیے مجھے لوگوں کی باتوں کی پروانہیں ہوگی کہ بطور ادیب میں اُن ادیبوں کے نقش قدم پر چل رہا ہوں جنھوں نے کلمہ حق کہنے اور سچائی کی جنگ لڑنے کی خاطر اپنا سب قربان کر دیا لیکن اپنے ضمیر کو چند ٹکوں کی خاطر فروخت نہیں کیا۔

مجھے یہ طعنہ سننے کو مل چکا ہے کہ کہانی لکھنا اور آپ بیتی لکھنا معمولی کام نہیں ہے۔

میں سمجھتا ہوں کہ کہانی لکھنا، آپ بیتی لکھنے سے بہت مشکل ہے کہ آپ بیتی میں اگر سچ لکھنا پڑے تو آسانی سے لکھا جا سکتا ہے کہ سچائی ہمیں یاد رہتی ہے اور جھوٹ یاد کرنا پڑتا ہے۔

میری داستان حیات میں سچائی کی مقدار کتنی ہے یہ تو آپ کو پڑھ کر معلوم ہو جائے گا اور مجھے یقین ہے کہ میں جو مقاصد سوچ کر ''جی دار'' سامنے رکھ رہا ہوں وہ یقینی طور پر حاصل ہو جائیں گے کہ میرا بنیادی مقصد شعور بیداری ہے۔

ذوالفقار علی بخاری

استاد، کالم نگار، ادیب (ادب اطفال، ادب عالیہ)

بتاریخ: 30۔نومبر 2022

رحیم یار خان۔پنجاب (پاکستان)

برقی پتہ: zulfiqarali.bukhari@gmail.com

میں اگست کے مہینے میں پیدا ہوا۔

جس سرزمین پر جنم لیا وہ بھی اگست میں دنیا کے نقشے پر ابھری۔

یہ قائداعظم محمد علی جناح کی بھرپور جہدوجہد تھی جس کی بدولت پاکستان حاصل ہوا۔

جو یہ کہتے ہیں کہ تنہا شخص کچھ نہیں کرسکتا ہے اُن کو محمد علی جناح کو بطور مثال سامنے رکھنا چاہیے کہ انھوں نے اپنی بھرپور کوشش سے ایک الگ وطن حاصل کر کے دکھایا۔ اور یہ ثابت کیا ہے کہ جہدوجہد اور بھرپور محنت سے کامیابی حاصل کی جاسکتی ہے۔

ستمبر 1980 میں ایران، عراق کی جنگ کا آغاز ہوا تھا۔

یہ میری پیدائش کے بعد شروع ہوئی اور کئی برس تک جاری رہی۔ مجھے بچپن میں ہی صدام حسین کا نام ازبر ہوگیا تھا اور آنے والے برسوں میں ان کے حوالے سے بہت کچھ پڑھنے کو ملا۔

اپنے والد کا چہیتا تھا کہ میں ان کے ہاں جنم لینے والا پہلا بیٹا تھا۔

اگلے چند سالوں میں تین مزید بیٹے ان کی بھرپور مسرت کا سبب بنے۔

گھر کی رونق میں اضافہ ایک بیٹی کے جنم کے ساتھ ہو چکا تھا۔ جس کے آنے کے بعد گھر میں خوشحالی بھی رفتہ رفتہ اپنے قدم جمانے لگی۔

مجھے ٹھیک سے یاد نہیں کہ کس عمر سے رسائل کا مطالعہ شروع کیا تھا۔

جب لفظوں سے آشنائی ہوئی تو پڑھنا سیکھ لیا۔

بچپن میں بہت سہما اور قدرے شرمیلا تھا لیکن گزرتے وقت نے مجھے پہلے سے زیادہ بااعتماد اور نڈر بنا دیا۔ میں اپنے آپ کو آج دیکھوں تو یقین نہیں آتا ہے کہ میں وہی معصوم بچہ ہوں جو ڈرتا تھا اور اس قدر شرمیلا تھا کہ گھر میں کوئی خاتون آتی تھی تو دوسرے کمرے میں بھاگ جاتا تھا۔

مجھے اپنے اردگرد موجود بچوں کی نسبت مطالعے کا بہت شوق تھا۔

اُس وقت بچوں کے رسائل اور کہانیاں والدہ کی بدولت باآسانی مل جاتی تھیں۔

اُن کی خواہش تھی کہ بچے گھر پر رہیں اور اسی وجہ سے انھوں نے مطالعے کی جانب ہماری توجہ مرکوز

کرائی۔ہمیں وہ کہانیاں سناتی تھیں تا کہ ہم اس دنیا کے شیدائی ہو جائیں۔

والد صاحب وکالت کے شعبہ سے منسلک تھے۔

وہ صبح گھر سے گئے تو پھر رات کے آخری پہر واپس آیا کرتے تھے۔

اُن کا غصہ بہت تیز تھا جس کی وجہ سے اکثر اُس کمرے میں چھپ جاتا تھا جہاں وہ موجود نہیں ہوتے تھے۔ یہ ڈر اُس وقت سے لے کر کالج کے زمانے تک باقی رہا۔ مجھے مارک ٹوئن کی سرگزشت پڑھ کر علم ہوا کہ وہ بھی میری طرح والد سے ڈرتے تھے۔ مارک ٹوئن امریکہ کے نامور، صحافی، ناول نگار اور مزاح نگار ہیں۔ میری زندگی کافی حد تک ان سے مماثلت رکھتی ہے۔

والد صاحب کی محبت بے پناہ تھی۔ وہ اسکول لے جاتے تھے اور اکثر اسکول سے واپس لے آتے تھے۔ یہ خاص کر اُن دنوں میں ہوتا تھا جب بارش کا موسم ہوتا تھا۔ وہ سمجھتے تھے کہ اگر واپسی پر رکشے والا بارش کی وجہ سے نہ آیا تو پھر ہم وہیں اسکول میں رک جائیں گے۔

ان کا مشاہدہ اکثر درست ثابت ہو جاتا تھا۔

اس محبت کے باوجود اُن کے ایک اصول کی وجہ سے ہم تینوں بھائی پٹتے تھے کہ ہم مغرب کے بعد کھیل کے میدان میں کھیلا کرتے تھے یا کوئی چیز لینے کے بہانے گھر سے باہر ہوتے تھے۔

یہ اُن دنوں کی بات ہے جب حالات اتنے مخدوش نہیں تھے جتنے آج ہو چکے ہیں۔

یہ شامت مہینے میں ایک بار یا کبھی کبھار ہوا کرتی تھی۔

ہم گھر سے بہت کم باہر نکلتے تھے۔ والد صاحب ہر چھٹی کے دن کھیل کے میدان میں لے کر جایا کرتے تھے اور بڑے شوق سے کھیلتے ہوئے دیکھا کرتے تھے۔ اُن کے اس برتاؤ کی وجہ سے اکثر محلے دار یہ سمجھتے تھے کہ ہم اپنے کسی چچا یا ماموں کے ساتھ کھیلنے کے لیے آئے ہیں۔

ایک بار تو وڈیو گیمز کی دکان پر خود چھوڑ کر آئے تھے۔

دکاندار نے جب ہم سے پوچھا کہ "یہ آپ کے چچا ہیں؟"

میں نے بڑی خوشی سے بتایا "یہ ہمارے والد ہیں۔"

جو کہ چاہتے تھے کہ وڈیو گیم سے لطف اندوز ہو جائیں کہ ہم نے گھر میں اپنے دوستوں سے سن کر کہہ دیا تھا کہ میں نے بھی وڈیو گیمز کھیلنی ہیں۔ اُس دور میں والد صاحب نے گھر پر قید رکھنے کی خاطر اہتمام کیا ہوا تھا کہ کوئی اچھی فلم گھر پر دیکھیں۔ دل چسپ بات یہ ہے کہ جب اپنی نانی اماں کے ہاں جاتے تھے، وہ ساتھ بیٹھ کر فلم دیکھا کرتی تھیں۔ اُس زمانے میں گھر میں بیٹھ کر فلمیں دیکھنا ایک عام رواج تھا۔

والد صاحب خود اچھے موضوعات پر مبنی فلمیں ہر جمعے کے دن دکھایا کرتے تھے پھر یہ سلسلہ اتنا پسندیدہ ہو گیا کہ دکان دار کہے بنا وی سی آر بمعہ فلم دینے کے لیے آجاتا تھا۔ اُسی زمانے سے ہمیں اچھے موضوعات پر فلمیں دیکھنے کا شوق ہوا جو آیندہ سالوں میں برقرار رہا اور آج بھی بوریت کا شکار ہو جائیں تو پھر کوشش کرتے ہیں کہ منفرد اداکاری اور موضوع پر مبنی فلم دیکھیں۔

شاہ رخ خان، عامر خان کے بعد ہمیں نواز الدین صدیقی نے بے حد متاثر کیا ہے اور اس کی بڑی وجہ یہ ہے کہ انھوں نے معمولی کرداروں سے مرکزی کرداروں تک کا سفر ایسے انداز میں کیا ہے کہ ان کی کامیابی اور حوصلے کو دیکھ کر تحریک ملتی ہے کہ انسان چاہے تو کچھ بھی کر سکتا ہے۔ نواز الدین صدیقی کی سرگزشت کئی نوجوانوں کی زندگی بدل سکتی ہے۔ نواز الدین صدیقی، امیتابھ بچپن، دلیپ کمار (محمد یوسف)، وحید مراد ہمارے پسندیدہ ترین اداکار ہیں۔ سلطان راہی نے پنجابی فلموں کو ایک ایسا رنگ دیا جس نے کئی برس فلم دیکھنے والوں کو محظوظ کیا۔ ان کی شہادت کا سن کر ہمیں بہت افسوس ہوا۔ اس کے بعد کسی اداکار کے جانے کا دکھ ہوا تو وہ ششانت سنگھ راجپوت ہیں ابھی تک ہمیں یقین نہیں آتا ہے کہ انھوں نے خودکشی کی ہوگی۔ انھوں نے ایک بار کہا تھا کہ اگر فلموں میں مواقع نہ ملے پھر بھی کسی نہ کسی طرح اپنی صلاحیتوں کو سامنے لائیں گے۔ یہ بات جب ہم نے سنی تو ہمیں تحریک ملی کہ اگر کسی بھی رسالے نے کہانیاں شائع نہ کیں تو پھر ہم بھی کہیں نہ کہیں اپنی تخلیقات پیش کر لیں گے۔ نواز الدین صدیقی اور ششانت سنگھ راجپوت جیسے اداکار کم ہی دنیا میں ہیں جنھوں نے اپنی صلاحیتوں سے خود کو بڑے اداکاروں کے سامنے منوایا ہے۔ اظہار قاضی اور اسماعیل شاہ بھی اپنے عہد کے اچھے اداکاروں میں شمار ہوتے ہیں ان کی اداکاری بھی پسند تھی۔

بہر حال، فلموں اور بچپن کی پڑھی گئی کہانیوں نے برائی کے خاتمے کے لیے بھرپور جہد و جہد کرنے پر اُکسایا ہے۔ ہمیں یہ یاد نہیں ہے کہ ہم نے کس ادیب کو اس زمانے میں زیادہ پڑھا لیکن جو نام ذہن میں محفوظ ہے وہ مظہر کلیم، ایم اے ہے۔ اشتیاق احمد مرحوم کا کوئی ناول نہیں پڑھا۔ اگر پڑھ لیتے تو شاید ان کی نقالی کا شوق پیدا ہوتا جیسے کئی لکھنے والے مشہور کرداروں کا سہارا لے کر کچھ لکھتے ہیں۔

اشیاق احمد مرحوم کو میں نے بہت کم پڑھا ہے۔

میں نے ''بچوں کا اسلام'' میں ان کی دو باتیں بڑے شوق سے پڑھی ہیں۔

ادب اطفال میں 2019 میں قدم رکھنے کے بعد ان کے بارے میں بہت کچھ جاننے کا موقع ملا ہے اور یہ دیکھ کر حیرت ہوئی ہے کہ ان کے نام کو کس طرح سے اپنی کامیابی کے لیے استعمال کیا جا رہا ہے اور کہیں پر اپنی شناخت بنانے کے لیے بھی ان کے کرداروں کا سہارا لے کر بھی کچھ ''شاہ کار'' سامنے لانے کا دعویٰ کیا جاتا ہے۔

میری نظر میں ''اشتیاق احمد، ہر عہد کے اشتیاق احمد ہیں۔''

اگر کوئی ان کی مانند بہت کچھ ادبی دنیا میں کر کے اپنا نام بناتا ہے تو پھر یہ تو کہا جا سکتا ہے کہ کسی نے ان کی مانند اپنی ذات کو ہر شعبے میں منوایا ہے۔ لیکن یہ کہنا کہ کوئی کسی خاص عہد کا اشتیاق احمد ہے تو میری نظر میں یہ کسی کی ادبی ساکھ کو مجروح کرنے کی کامیاب کوشش ہے اور سستی شہرت دلوانے کا ذریعہ ہے۔

مرحوم اشتیاق احمد جیسے کامیاب ادیب نے بھی ادبی دنیا میں بہت کچھ سہ کر نام بنایا ہے۔

یہ بات واضح کرتی ہے کہ کسی کی کامیابی واقعی محنت، برداشت اور لگن کی بدولت اس کے قدم چومتی ہے۔

مرحوم اشفاق احمد کی ''زاویہ'' اور ''پیر کامل'' جسے عمیرہ احمد نے لکھا ہے ہمیں بے حد پسند ہیں۔ ''شہاب نامہ'' نے بھی بہت کچھ سوچنے اور سمجھنے پر مائل کیا ہے۔

☆☆☆☆☆

ایک بار ایسا ہوا کہ کھیل کے میدان میں کھیلنے کے لیے گیا تو وہاں پر ایک اجنبی لڑکے نے بات چیت شروع کی تو میں چند سوالوں کے بعد وہاں سے گھر بھاگ آیا۔

اُس دن کے بعد کبھی وہاں نہیں گیا۔
یہ اس وجہ سے ہوا تھا کہ خود اعتمادی کی کمی تھی۔
میں لوگوں کے سوالوں کے جواب دینے سے کتراتا تھا۔اس کی بڑی وجہ یہ تھی کہ گھر میں رہنے اور گھلنے ملنے کی عادت نہ ہونے کی وجہ سے جواب دینا نہیں آتا تھا شاید مطالعے کا اثر تھا کہ لاشعوری طور پر بات دماغ میں تھی کہ اجنبی افراد پر اعتماد نہیں کرنا ہے۔ایک بچہ گھر پر رہ رہا ہے اور اُسے گھر سے باہر کے حالات کے بارے میں والدین کی جانب سے آگاہ نہیں کیا جارہا ہے تو وہ ایسے میں مسائل کا شکار ہوسکتا ہے۔ مجھے خاص کر قصور میں ہونے والے زینب کے واقعے نے بے حد متاثر کیا ہے۔
ماہ نامہ ''کرن کرن روشنی'' میں جو اولین کہانی ''ساحل دور نہیں'' اپریل 2021 کے شمارے میں شائع ہوئی، وہ بھی اسی مناسبت سے لکھی تھی۔
میری رشتے داروں سے بات کم ہوتی تھی کہ ہم بہاولپور میں رہا کرتے تھے اور وہ رحیم یار خان، کہروڑ پکا اور راولپنڈی میں تھے۔
میرا بچپن کتاب اور گھر سے جڑا ہے۔ میں گھومنے پھرنے کا شوقین نہیں تھا۔
فوج میں جانے کا شوق تھا مگر دل کی بیماری کی وجہ سے نہیں جا سکا۔
بچپن سے ابھی تک مطالعہ، کرکٹ میچ دیکھنا اور بہن بھائیوں کے ساتھ وقت گزارنا پسندیدہ عمل ہے۔
بچپن میں کرکٹ کھیلنے کا شوق رہا ہے لیکن ہم بطور وکٹ کیپر اکثر کھیلا کرتے تھے کہ ہم زیادہ بھاگتے تھے تو سانس پھول جاتا تھا۔
بچپن کی ایک یاد خاص ہے کہ ایک بار مرغی کے چوزے کی گردن پر چارپائی پر لیٹ کر ہلکا ہلکا سا انگوٹھے سے چھو رہا تھا بعد میں پتا چلا کہ وہ مر گیا۔ مجھے بہت دنوں تک اُس کا غم رہا اور آج بھی افسوس ہوتا ہے مگر تب پتا نہیں دماغ میں کیا تھا کہ ایسا ہو گیا تھا۔
چھوٹے بھائی شاہ نواز سے اکثر لڑائی ہوا کرتی تھی۔
شعیب حسن سب سے چھوٹا تھا اُس سے کبھی نہیں الجھا ہوں۔

یہ وہ عادت ہے جو کہ آج تک برقرار ہے۔ اتنا یاد ہے کہ بچپن میں شریر نہیں تھا۔ اسی وجہ سے میری تحریروں میں سنجیدگی کا عنصر زیادہ پایا جاتا ہے۔ والد صاحب کے گزر جانے کے بعد سنجیدگی زیادہ آئی ہے۔ پہلے موت سے ڈرتا تھا اب اُس کا سامنا کرنے کا حوصلہ رکھنے لگا ہوں۔

☆☆☆☆☆

میں بچپن سے قبرستان جانے سے ڈرتا تھا۔

جب والد صاحب کی تدفین کی، دن کی روشنی میں وہاں سکون سا تھا۔

ایک بات سمجھ آگئی ہے ''موت'' تلخ حقیقت ہے۔ موت سے یاد آیا کہ ایک بار بچپن میں کسی گھر کا دروازہ ایسے ہی بلاوجہ بجا دیا تھا۔ مجھ سے عمر میں بڑا لڑکا گھر سے باہر آیا اور مجھ سے بدتمیزی کرنے لگا۔ پھر اُس کا ہاتھ جوں ہی گردن تک پہنچا۔

اُسی وقت گلی میں سے گزرتے شخص نے اُسے منع کیا۔

اب کہہ سکتا ہوں کہ مرتے مرتے بچا تھا اور تب سے میں خوش نصیبی کا حامل ہوں۔

برسوں بعد ایک جگہ جانا تھا۔ میں نے غور نہیں کیا کہ داخلی راستے کی بجائے خارجی راستے سے اندر جانے لگا ہوں۔ اُس وقت گیٹ پر کھڑے گارڈ نے کئی بار سیٹی بجائی لیکن میں اپنی دھن میں چلتا جا رہا۔ اُس کے پاس پہنچا تو اُس نے کہا کہ'' آپ کو روک رہا تھا اور آپ رک نہیں رہے تھے۔ آپ کو پتا ہے یہاں جب کوئی ایسا کرے تو اُسے گولی ماری جاسکتی ہے۔''

میں نے کانوں کو ہاتھ لگالیا کہ میں کن سوچوں میں گم ہو گیا تھا۔

اُس دن ایک ہسپتال کا پتا کرنا تھا لیکن چند مہربانوں نے ایسا راستہ بتایا کہ کہاں سے کہاں نکل کر کس جگہ پہنچ گیا تھا۔ مزے کی بات یہ ہے کہ اگلے روز ہسپتال کو تلاش کرنے نکلا تو علم ہوا کہ میں اُس ہسپتال سے چند گز کی دوری پر تھا جب لوگوں نے غلط رہنمائی کی اور میں بھٹک گیا۔ اسی ہسپتال جو کہ PIMS کے نام سے مشہور ہے۔ اس میں دل کی بیماری کا ایک بار علاج کروانے گیا تو مہربان ماہر امراض قلب ڈاکٹر سلمیٰ عزیز نے بہت خلوص اور دل چسپی سے دیکھا بلکہ دیگر معالج حضرات کی مشاورت سے کچھ

ادویات بھی لکھ دیں۔ اُس وقت وہ بڑی حیران تھیں کہ میں اکیلا اپنے علاج کے لیے آیا ہوں۔

☆☆☆☆☆

بچوں کے رسائل اور کہانیاں پڑھتے پڑھتے جب خیال آیا کہ کچھ لکھا جائے تو پھر ماہنامہ ہمدرد نونہال، کراچی میں ایک تحریر ڈرتے ڈرتے ارسال کی اور پھر خدا کی قدرت کہ وہ شائع ہوگئی۔ مجھے بہت خوشی ہوئی کہ ہم لکھ سکتے ہیں۔

جہاں تک یاد آ رہا ہے غالباً ''کامیابی کا راز'' کچھ ایسے ہی نام کی تحریر تھی۔قوم کے محسن جناب حکیم محمد سعید مرحوم کی کتاب انعام میں ملی۔ مجھے پہلی مرتبہ لکھنے پر انعام ملا تھا جس نے ہمیشہ یہ بتایا کہ میں لکھ سکتا ہوں۔ یہ شہید پاکستان حکیم محمد سعید کی ''سچی کہانی۔میری ڈائری کی زبانی'' 1992 مئی کا تذکرہ ہے۔ برسوں گزر گئے، سنبھالی ہوئی ہے۔

محترمہ سعدیہ راشد کا دستخط شدہ خط ملا تھا۔اُس نے مجھے مسلسل لکھنے کی تحریک دی۔

ان سطور نے مجھے بہت جذباتی کر دیا تھا۔

''مجھے امید ہے کہ اگر تم نے اسی طرح محنت اور لگن کے ساتھ لکھنے کی مشق جاری رکھی تو ایک نہ ایک دن تمھارا نام مشہور لکھنے والوں میں شامل ہو جائے گا۔ میں تمھیں یہ مشورہ دوں گی کہ ادب کی دنیا میں اپنا نام پیدا کرنے کے لیے جلدی نہیں کرنی چاہیے۔''

حکیم محمد سعید کی شہادت کی خبر جس وقت ملی تب میں اسکول جا رہا تھا۔

ان سے محبت کا یہ عالم ہے کہ جب ''قسمت کی دیوی'' منظر عام پر لانے کا فیصلہ کیا تو ان کی ذات اُن نام ور ہستیوں میں سے ایک تھی جن کے نام انتساب کیا۔ان کے علاوہ دیگر شخصیات ڈاکٹر امجد ثاقب، ڈاکٹر عبدالقدیر خان اور عبدالستار ایدھی ہیں جن کا نام ان کی پہچان ہے۔ ان کو اپنی طرف سے خراج تحسین پیش کیا کیوں کہ مجھے ان سے بہت کچھ سیکھنے کو ملا ہے۔ان کا کام ایسا ہے کہ رہتی دنیا تک ہم سب فخر سے کہہ سکتے ہیں کہ یہ ہمارے ملک کا قیمتی اثاثہ ہیں۔ میرا نہیں خیال کہ پاکستان میں مجھ سے پہلے کسی نے ان چاروں ہستیوں کے نام اپنی اولین کتاب کا انتساب کیا ہو۔

روز نامہ جنگ کے بچوں کے صفحے پر کچھ عرصہ ''اقوال زریں'' شائع ہوتے دیکھ کر خوش ہوتا رہا۔ روز نامہ جنگ کے سنڈے میگزین میں ''انٹرنیٹ بیتیاں'' کا سلسلہ شروع ہوا تو ایک تحریر ارسال کی ''اور دوست مل گیا'' یا ''مجھے دوست مل گیا'' برسوں بعد یہ نام یاد نہیں آرہے کہ کیا تھا۔ اس تحریر کو لکھنے کی بڑی وجہ بورے والا سے تعلق رکھنے والے انعام الحق سے ملنے کی داستان تھی۔ موصوف ''کرکٹر'' رسالے میں لکھتے رہے ہیں ان کو کئی ریکارڈز زبانی یاد ہوتے تھے۔ مجھے اُن کے گھر بورے والا جانے کا اتفاق ہوا۔ اُن کی والدہ نے سر پر ہاتھ رکھ کر دعائیں دی تھیں۔ میں نے سوشل میڈیا پر پہلی بار کسی پر اعتبار کیا تھا تو یہی ''انعام الحق'' تھے۔

ہمیں خود پر اعتماد تھا کہ کچھ کر سکتے ہیں بس جو دل میں آیا وہ زندگی میں کیا ہے۔

ایک کامیابی نے ہمارے راستے کھول دیے تھے۔

اُس وقت علم نہیں تھا کہ ''نا قابل اشاعت'' تحریر کیوں ہوتی ہے؟

یہی دیکھ لیں کہ چودہ سال کے مسلسل لکھنے میں دو تین بار ہی کسی رسالے کے مدیر نے تحریر کو ''نا قابل اشاعت'' قرار دیا ہے۔

حیرت کی بات یہ ہے کہ وہی تحریریں معمولی ردوبدل کے ساتھ دوسرے رسائل میں شائع ہوئیں۔

آپ حیران نہ ہوں کہ ہم نے باقاعدگی سے خاص کر بچوں کے رسائل میں لکھنا ہی 2019 میں شروع کیا ہے۔ ایک ویب سائٹ پر 2008 سے لکھ رہے تھے وہاں کس نے ہمیں اشاعت سے روکنا تھا۔ یہ بات یاد رکھنے کی ہے کہ ویب سائٹس ہوں، اخبارات یا رسائل اپنی پالیسی کے مطابق کچھ شائع کرتے ہیں اگر کچھ معیاری ہو اور پھر بھی نا قابل اشاعت کہہ کر شائع نہ کیا جائے تو یہ سنگین ادبی جرم ہے۔

یہ بھی سن لیں کہ جو کہتے ہیں کہ ''بس لکھتے جاؤ، تحریر کا اتہ پتہ نہ رکھو، اُسے بھول جاؤ اور آگے بڑھتے جاؤ۔'' ہمیں نا قابل اشاعت تحریر کا پتہ چلے تو کچھ اصلاح کی جانب مائل ہونگے نا؟

جب یہ بھی معلوم نہ ہو کہ لکھے کا کیا بنا؟

تو کیسے ہم خود کو سنوار سکتے ہیں۔ آپ کو ہماری بات سے اختلاف کا حق ہے۔

ماہ نامہ ہمدرد نونہال، کراچی سے ملنے والی کامیابی سے حوصلہ ملا تو پھر قلم چلتا رہا۔ اگرچہ وہ قلم کا چلنا بس پڑھائی کی وجہ سے تھا مگر جب فرصت ملی تو ویب سائٹ پر 2008 سے مسلسل لکھنا شروع کیا جو ابھی تک جاری ہے۔ اب کئی اچھی ویب سائٹس پر مضامین، کہانیاں اور لیے گئے انٹرویوز موجود ہیں۔

ایک زمانے میں انعام الحق کو خوب خط لکھا کرتے تھے۔ مجھے طعنہ سننے کو ملتا تھا کہ اتنے خطوط تو کسی عاشق نے نہیں لکھے ہونگے، جتنے ہم ایک دوسرے کو لکھتے ہیں۔ یہ بات احساس دلاتی تھی کہ لکھ سکتے ہیں۔

ایک لکھاری کو اس حوالے سے کام کرنا چاہیے کہ جب خط لکھیں گے تو پھر آپ کے لکھنے کی صلاحیت پر بھی فرق پڑے گا۔

ایک تحریر اسی زمانے میں بعنوان ''تعلیم یافتہ خواتین۔ ملکی ترقی کی اہم ضرورت'' یکم نومبر 2008 کو روزنامہ الشرق، روالپنڈی/اسلام آباد میں شائع ہوئی۔ یہ اخبار اُن دنوں دبئی سے شائع ہوا کرتا تھا۔ بس پھر لکھتے رہے ویب سائٹ پر اور قومی وملکی اخبارات میں، اگرچہ زیادہ نہیں لکھا کہ ہم ایک طرف سے معاشی طور پر استحکام کے لیے کوشش کرنے میں مصروف تھے۔

☆☆☆☆☆

میں نے ابتدائی تعلیم الفتح پبلک اسکول، بہاولپور سے حاصل کی پھر وہاں سے راولپنڈی آئے تو کچھ عرصہ یہاں کے ایک پرائیوٹ اسکول میں پڑھا۔ پھر یہاں سے ہجرت کر کے اسلام آباد آگئے۔ ہماری قسمت میں مزید سفر لکھا تھا، ابھی میٹرک کیا تھا کہ چند گھریلو مسائل کی وجہ سے بہاولپور پھر سے جانا پڑا۔ ایف۔ جی۔ بوائز ہائر سیکنڈری اسکول، جی سکس ٹو، اسلام آباد سے میٹرک کیا۔ یہ 1999 کی بات ہے۔ اُس دور میں عنایت اللہ صاحب ہمارے انچارج ہوا کرتے تھے۔ وہ بہت شفیق انسان تھے۔

فیصل خان اُسی دور میں دوست بنا۔ جس کے ساتھ دوستی ایسی ہوئی کہ پھر ہم نے ساتھ نہیں چھوڑا۔ یہ میری خوش نصیبی ہے کہ اچھے دوستوں کو ساتھ لے کر چلا ہوں اور کوشش یہی ہے کہ جب تک تعلق قائم رہ

سکتا ہے وہ قائم رہے۔فیصل خان کوئی بار اسکول سے بھاگتے ہوئے دیکھا تھا۔
اس بات کا گواہ ہوں کہ کیسے دوسری منزل پر موجود کمرہ جماعت سے چھلانگ لگا کر رفو چکر ہوا کرتا تھا۔ میں نے کبھی ایسا کرنے کی زحمت نہیں کی تھی۔ میں نے کھیلوں کے مقابلوں یا بزم ادب کے پروگرام کے لیے اسکول میں حصہ نہیں لیا۔ اُس زمانے میں میری ریاضی سے نہیں بنتی تھی لیکن حساب کتاب آج بھی اچھا کر لیتا ہوں لیکن کبھی کبھی بہت کچھ اچھا کر لینا فائدہ نہیں دیتا ہے۔ اس لیے اکثر حساب کتاب کی پرواکیے بنا کچھ کام ایسے کر لیتا ہوں جس کا فوری نہیں البتہ بعدازاں نفع ہوتا ہے۔

☆☆☆☆☆

اپنے اسکول کے ایک استاد عظیم صاحب کو جیسا اسکول کے زمانے میں دیکھا تھا ویسے ہی برسوں بعد یعنی 2021 میں دیکھا ہے۔ ان کو ماہ نامہ انوکھی کہانیاں، کراچی میں شائع آپ بیتی کا رسالہ آٹوگراف کے ساتھ دیا تھا۔

میں نے گورنمنٹ کالج آف کامرس، بہاول پور سے ڈی۔ کام کیا اور پھر واپس راولپنڈی آ گیا۔

اس دوران میں نے ٹرین اور بس کا سفر بہت زیادہ کیا جس کے دوران مجھے بہت کچھ سیکھنے کو ملا۔ بچپن سے فوج میں جانے کا شوق تھا لیکن نہ جا سکا تاہم ٹرین کے سفر میں اکثر فوجیوں سے ملاقات ہوتی تھی۔

میں ان کے مزاح سے لطف اندوز ہوتا تھا۔

ایک دو بار تو انھوں نے بیٹھنے کے لیے جگہ بھی دی۔

ایک نوجوان طالب علم کے ساتھ ایسا تعاون کرنا ان کی تربیت اور اخلاق کو ظاہر کرتا ہے۔

☆☆☆☆☆

یہ سن 2002 کی بات ہے۔

ایک بار ٹرین میں یہ منظر دیکھا کہ ایک نوجوان نے ایک لڑکی کو ''پٹا'' لیا۔ اس لڑکی نے اپنی انگلی میں پہنی ہوئی انگوٹھی تک اتار کر لڑکے کو دے دی تھی اور غالبا ٹشو پیپر پر رابطہ نمبر بھی لکھ کر دیا تھا یہ سب محض چند گھنٹوں کی کارروائی تھی۔

بہاول پور میں قیام کے دوران میں نے یہ بات سیکھ لی تھی کہ بچوں کو خاص طور پر اگر تعلیم دلوانی ہے تو ہوسٹل میں ٹھہرائیں، کبھی رشتے داروں کے ہاں رہائش پذیر ہونے کا مشورہ نہ دیں۔

آپ کو ہمارے اشاروں سے بات گہرائی سے سمجھ آ گئی ہو گی کہ ہم کیا کہنا چاہ رہے ہیں۔

زندگی کے یادگار تجربات میں سے ایک ''رشتے دار کے ہاں پڑھنا'' ہے۔

میں نے بڑی مشکل سے بی۔اے میں ابلاغ عامہ رکھ کر کسی حد تک معقول تعلیم حاصل کر لی۔

والد صاحب کے خیال میں یہ مضمون کسی کام کا نہیں تھا۔ میں نے ابا جی کی باتیں سنتے سنتے بی۔اے مکمل کر لیا تھا تب تک اُن کے ذہن میں یہ بات آ چکی تھی کہ یہ اچھا مضمون ہے۔

ایک دن ابا جی نے شاباش دی کہ چلو اچھا ہے کہ کچھ تعلیم تو ہوئی ہے۔ مجھے تب تک سرکاری ملازمت نہ مل سکی تھی، نجی اداروں میں مواقع مل رہے تھے مگر وہ بس ایسے تھے کہ آپ بھاگ دوڑ کر کے کام کرو۔

ابو جی کے مطابق ہماری صحت کے لحاظ سے بہترین نہیں تھے۔

ہم نے اس سے کنارہ کشی کر لی۔

اسی زمانے میں فراغت تھی تو کچھ کھانا پکانا اور گھر کو صاف رکھنا سیکھ لیا۔ اُسی زمانے میں کمپیوٹر کورس کر لیا تھا اور اُردو ٹائپنگ سیکھ لی تھی۔ جس نے بعد میں بہت فائدہ دیا۔ ہماری انگریزی کی ٹائپنگ تب 45w.p.m تھی۔ اسی وجہ سے ہماری ایک یونی ورسٹی میں اسسٹنٹ لائبریرین نوکری ہو گئی تھی۔ ابا جی خوش تھے کہ چلو کچھ تو حاصل ہوا ہے۔ اُردو ٹائپنگ نے ہماری لکھنے کی صلاحیتوں کو خوب نکھارنے میں مدد دی۔ یہاں ایک غلطی کا اعتراف کرنا چاہتا ہوں۔

میں نے ڈی۔کام میں انگریزی شارٹ ہینڈ نہیں رکھی تھی جس کا بعد میں افسوس ہوا۔ اس کے کرنے کا فائدہ یہ تھا کہ ہم سیکھ لیتے تو ''میرٹ'' پر سرکاری نوکری کا حصول آسان تھا کہ بعد کے تجربات نے بتا دیا تھا کہ کچھ ''صلاحیتیں'' انسان کے لیے بطور سفارش کام آتی ہیں اور آپ وہ حاصل کرتے ہیں جس کی خواہش ہو۔ مجھے شروع سے ہی اُردو سے لگاؤ تھا۔ اسی وجہ سے ایم۔اے اُردو سرگودھا یونیورسٹی سے 2019 میں کر لیا۔ اس دوران تعلیم کے ساتھ نوکری بھی کر رہا تھا۔

یہ بات واضح کرتی ہے کہ جب آپ نے کچھ کرنا ہو یا اپنے خواب کی تکمیل کرنی ہو تو مصروفیات کی پروا کیے بنا آپ اپنے مقصد کو حاصل کر سکتے ہیں۔ میں خود لکھنے کے ساتھ ساتھ دوسروں کے لیے بھی کچھ نہ کچھ کرتا رہتا ہوں یہی بات ایک بار عرفان حیدر سے جو کہ ادب اطفال میں تیزی سے اپنا نام بنا رہے ہیں کو کہی تھی کہ اگر میں نئے ادیبوں کو وقت نہ دوں تو میری کہانیوں کی تعداد بہت زیادہ ہو سکتی ہے لیکن مجھے ان کی تحریروں کی اصلاح کر کے بہت خوشی ہوتی ہے۔

میں نے چند عمدہ ابلاغ کے حوالے سے کورسز ایک ادارے سے کر رکھے ہیں جو دفتری ضروریات کے ساتھ بہترین رابطے کے علاوہ لکھنے میں مدد دیتے ہیں۔ صحافت کے حوالے سے بھی چند اسناد ملی ہیں اور صحافیوں کے ساتھ رہنے کی بدولت بہت کچھ ایسا سیکھا ہے جو عام ادیبوں کے علم میں شاید ہی ہو۔ بچوں کے ادیب نوید احمد ہمیں ''ادبی صحافی'' قرار دے چکے ہیں۔

☆☆☆☆☆

مجھے لکھنے کا شوق تھا، شروع شروع میں یہ جذبہ تھا کہ کچھ پڑھ لکھ کر صحافی بن جائیں مگر ایسا ہونا ممکن نہ ہو سکا۔ جب روزنامہ جناح، اسلام آباد کا آغاز ہو رہا تھا تو وہاں تشریف لے گئے۔ مشہور صحافی خوشنود علی خان سب کے انٹرویوز لے رہے تھے۔ ہم نے وہاں یہی عرض کی تھی کہ ہم لکھنے کے شوقین ہیں اور ہمیں رپورٹنگ کی بجائے کچھ لکھنے لکھانے کے حوالے سے کام دیا جائے۔ ہم نے اُن کی باتوں سے بہت کچھ سیکھا اور سمجھا ہے اور یہ جان گئے کہ صحافت کس قدر مشکل کام ہے۔ انھوں نے ضیاء شاہد کا اور اپنا ایک قصہ بھی سنایا تھا جس نے بہت کچھ سمجھایا تھا۔

اُسی دن پہلی بار محترم ناصر مغل صاحب سے ملاقات ہوئی۔

مجھے یاد ہے کہ میں نے اپنا لکھا ہوا مضمون، اُن کو پیش کیا تھا۔

انھوں نے ہمیں سراہتے ہوئے حوصلہ دیا تھا کہ اچھا لکھتے ہیں۔ ناصر مغل صاحب سے ہمارا تعلق 2008 سے ابھی تک قائم ہے۔ ناصر مغل صاحب نے کئی مرتبہ تحریروں کو بہترین انداز میں پیش کرنا سکھایا ہے جس نے یہ ثابت کیا کہ ایک بہترین قلم کار کے پیچھے مدیر کی محنت شامل ہو جائے تو وہ اپنے ہم

عصر ادیبوں سے بہت آگے بڑھ سکتا ہے۔

کچھ عرصہ قبل ایک انکشاف صحافی دوست عمر ہاشمی نے کیا ہے کہ اُس زمانے میں وہ وہاں کام کر رہے تھے مگر ہماری ملاقات تب نہیں ہوئی تھی۔ اُن سے ہماری چار سال بعد ملاقات ہوئی جو ہمیں ایک تعلق میں جوڑ چکی ہے۔ ہم روزنامہ جناح میں کام نہ کر سکے کہ ایک یونی ورسٹی میں بطور اسسٹنٹ لائبریرین کام کر رہے تھے۔

ہمارے لیے یہ آسان نہیں تھا کہ رات گئے دوسرا کام کریں۔

انھی دنوں ہم نے کوئی اور اچھی ملازمت تلاش کرنا شروع کر دی تھی۔

میں نے اسسٹنٹ لائبریرین کی نوکری چھوڑی اور ایک اچھے ادارے کو پیارا ہو گیا۔ اسی ادارے میں چھے سال قبل ملازمت کی کوشش کی تھی تب اصل سند نہ ہونے کی بناء پر مقررہ امتحان میں نہیں بیٹھ سکا تھا۔ دل چسپ بات یہ ہے کہ اس سے قبل ہم نے ایک سرکاری ادارے میں نوکری کے لیے ٹیسٹ اور انٹرویو دیا تھا لیکن وہاں موقع نہ مل سکا کہ ہمارا رزق کہیں اور لکھا تھا۔

ہم نے بی۔ اے تعلیم ہونے کے باوجود نائب قاصد تک کی نوکری کے لیے خود کو بطور امیدوار پیش کیا تھا لیکن بات کبھی نہیں بنی۔ جو نوجوان اچھی تعلیم کے بعد معمولی نوکری کرنا ایک جرم سمجھتے ہیں ان کے لیے میری مثال سامنے ہے کہ میں نے حلال رزق کی خاطر کسی بھی کام کو عار نہیں سمجھا تھا۔

اُن دنوں ابا جی نے کافی کوشش کی تھی کہ سرکاری نوکری کسی کی سفارش سے مل جائے لیکن کوشش ناکام رہی تھی۔ ایک بڑے افسر کو کئی بار کہا تھا کہ نوکری کروا دیں۔ اُس نے اپنے بھائی کی کروا دی لیکن ابا جی کے پاس بس شرافت تھی، رشوت نہیں دی تو نوکری بھی نہیں ملی۔ اللہ نے سالوں بعد قابلیت پر دلوا دی جس پر وہ تادم مرگ خوش رہے اور ہم سب سے راضی۔

☆☆☆☆☆

میں نے 2006 میں بہاولپور کے ایک مشہور صحافی محمد امین عباسی کے دفتر میں کام کرنا شروع کیا۔ وہاں بہت سے صحافیوں کے حالات غور سے دیکھے تھے۔ ہم نے قانونی دستاویزات کو تیار کرنے کا کام

شروع کیا تھا۔ اس دوران مقامی اخبارات میں ہمارے چند مضامین شائع ہوئے۔ ہماری انگریزی ٹائپنگ بہت اچھی تھی لیکن قسمت میں کچھ اور لکھا تھا۔

ہم نے اپنے کام کا آغاز کیا تو تب ہمارے علم میں یہ بات آئی کہ یہاں تو اردو ٹائپنگ کرنی ہوگی۔ ہم نے اُس زمانے میں سیکھی ہوئی تھی لیکن تیزی سے ٹائپ نہیں کر سکتے تھے جس کی وجہ سے ہمارا نقصان ہوا کہ جتنے عرصے میں ہم نے رفتار کو تیز کیا تھا۔ ہمارے معاشی حالات خراب تر رہے تھے۔

ایک اور ہم سے غلطی ہوئی تھی کہ ہم نے Printer نیا نہیں لیا تھا وہ اکثر خراب ہو جاتا تھا اور ہمیں اس کی مرمت کے لیے خرچا کرنا پڑتا تھا۔ ہم جو روز کماتے تھے اس میں سے کافی رقم اس پر خرچ ہو جاتی تھی۔ میرے ساتھ میرا خالہ زاد بھائی انعام درانی تھا۔ اس کو کبھی چین سے بیٹھنا نصیب نہیں ہوا تھا۔ اسی وجہ سے ہمیں خود یہاں سے وہاں تک بھاگنا پڑتا تھا۔ ہم نے خود داری کا مظاہرہ کرتے ہوئے اپنے خالو کو انکار کر دیا تھا کہ وہ ہمیں نیا Printer لے کر دیں۔

ہم نے ایک شخص کی وساطت سے ایک صاحب کے ہاں کام کرنا قبول کیا۔

وہ عمر میں کافی بڑے تھے لیکن بہت زیادہ عرصہ وہاں کام نہیں کر سکے تھے کہ ہمیں ایک اور جگہ ملازمت مل رہی تھی جس کی وجہ سے ہمیں وہاں سے رخصت لینا پڑی۔ انھوں نے کچھ دنوں کی رقم ادا کی اور باقی اس وجہ سے روک لی کہ آپ ہماری کتاب کا کام ادھورا چھوڑ کر جا رہے ہو تو اس وجہ سے باقی کی رقم اُسے دیں گے جو ہمارا کام مکمل کروائیں گے۔

ہم نے احاطہ کچہری میں بیٹھ کر لوگوں کے چہروں کو پڑھنا سیکھ لیا تھا۔ ہم نے کبھی لوگوں سے زیادہ رقم لینے کی کوشش نہیں کی۔ وہاں جانے والوں کی سنا ہے کہ کھال لوگ اتار لیتے تھے جس میں کالے کوٹ والے حضرات شامل تھے۔ ہمارے والد نے بھی کالا کوٹ پہنا تھا لیکن وہ تو ایسے افراد کے لیے کم فیس کر دیتے تھے جو گاڑی سے اتر کر پاس آ کر کہتے تھے کہ ''بخاری صاحب! اتنی رقم نہیں دے سکتے ہیں؟''

ایک سرکاری ملازم جو کہ اچھے عہدے پر فائز تھے اُن کی ہاتھ کی لکھائی کو ہم بہ خوبی سمجھ لیتے تھے جس کی وجہ سے وہ ہمیں قانونی دستاویزات تیار کرنے کے زیادہ پیسے دیتے تھے۔ انھوں نے وکالت کر رکھی تھی

اور بہت شریف النفس انسان تھے۔ان کا منشی ہمیں معاوضہ کم دیتا تھا جس دن اُن صاحب نے خود رقم دی تھی تو ہمیں اندازہ ہوا تھا۔ بہر حال، ہم نے کبھی منشی سے شکایت نہیں کی۔

بھاول پور میں ہمارے محسن'' محمد امین عباسی'' بہت شریف انسان ہیں۔ان سے بہت کچھ سیکھنے کو ملا ہے۔اُن کے استاد افضل بخاری ایڈووکیٹ مرحوم جو کہ بہاولپور میں کرکٹ کے فروغ میں اپنا کردار ادا کررہے تھے۔اُن کا یہ موصوف دل وجان سے تعاون کر رہے تھے کہ خود بھی کرکٹ کے شیدائی تھے۔ان کی بدولت مشہور کرکٹر محمد یوسف کو اُبھر کر سامنے آنے کا موقع ملا تھا جس کے بعد وہ قومی کرکٹ ٹیم میں شامل ہوئے۔

ایک مشہور پاکستانی بولر انور خان نے محمد امین عباسی صاحب سے رابطہ کر کے محمد یوسف کی مدد کرنے کا کہا تھا تب فرسٹ کلاس کرکٹ کھیلے بنا بھی انگلینڈ میں کھیلا جا سکتا تھا، یہ 1993 کی بات ہے لیکن 1994 سے یہ لازم ہوگیا کہ وہاں کھیلنے کے لیے فرسٹ کلاس کرکٹر ہی آئے۔اسی شرط کے نہ ہونے سے محمد یوسف وہاں کھیلے تھے۔

محمد یوسف نے بہاولپور کی طرف سے فیصل آباد میں ہی فیصل آباد کی کرکٹ ٹیم کے خلاف میچ بھی کھیلا تھا۔کافی عرصہ تک محمد امین عباسی سے اُن کا تعلق رہا۔ان کے حوالے سے عارف مجید عارف بھائی نے بھی کہا کہ وہ ان کو جانتے ہیں یعنی دنیا گول ہے۔''جیو اور جینے دو''اس فقرے کے پہلے لفظ کے حامل ایک ٹی وی چینل میں محمد امین عباسی صاحب کام کر رہے ہیں، ضرورت مندوں کے کام آنے والے ہیں۔کرکٹ کے حوالے سے اپنی خدمات بہاولپور میں عرصہ دراز سے دیتے چلے آرہے ہیں۔ان کے کرکٹ کلب ''ایگلسٹ'' کے قیام کے 62 سال سے زائد کا عرصہ گزر گیا لیکن آج بھی رونقیں بحال ہیں۔محمد امین عباسی نے مجھے کہا تھا کہ اگر میں وکالت کے شعبے میں جانا چاہوں تو میری تعلیم کا خرچہ دے سکتے ہیں تاہم میں نے اپنی ذات پر بھروسہ کرتے ہوئے اپنا کام جاری رکھا۔اگرچہ محنت کا معاوضہ کم مل رہا تھا لیکن میں خوش تھا کہ جو بھی حاصل ہورہا ہے وہ کافی ہے۔

اُن دنوں بہاول پور کے صحافیوں کے حالات بہ خوبی جاننے کا موقع ملا۔انگریزی اخبار ڈان کے صحافی

اے۔ مجید گل کی شخصیت نے ہمیں متاثر کیا۔ وہ بے حد خوب صورت انگریزی بولتے تھے اور ہمیں ان کی بات سننا اچھا لگتا تھا۔ جاوید چوہدری نامی ایک صحافی کو ہم نے تب ایک تقریب میں دیکھا تھا اور بعدازاں زیرو پوائنٹ کے نام سے کالم لکھنے والے جاوید چوہدری کو پڑھنے لگے اور آج تک پڑھ رہے ہیں۔ ان سے ایک معروف شاپنگ مال میں ملاقات ہوئی تھی ۔ ہم نے اُن سے کہا تھا کہ وہ ہمارے پسندیدہ ''صحافی'' ہیں۔

دل چسپ بات یہ ہے کہ تب ہم ان سے آٹو گراف نہ لے سکے تھے وہ اپنے بچوں کے ہمراہ آئے ہوئے تھے۔ ایک اور بات یاد آ رہی ہے کہ ایک بار ڈاکٹر طاہر القادری جو ہمارے لیے بے حد خاص شخصیت ہیں۔ ہمارے علاقے میں تشریف لائے تھے تب انھوں نے مغرب کی نماز جس مسجد میں ادا کی تھی ہم نے بھی اُسی روز اُسی مسجد میں فرض نماز کی ادائیگی کو یقینی بنایا تھا۔ قسمت اچھی تھی کہ ہم ان کے برابر میں کھڑے تھے جس کا علم نماز کی ادائیگی کے بعد ہوا تھا۔

بہاول پور میں جی این گوہر یعنی غلام نبی گوہر، سپریم کورٹ کے وکیل تھے جو کہ ہمارے والد صاحب کے بہت پرانے دوست تھے وہ ہم پر بہت مہربان تھے۔ انھوں نے ایک بار ایک ایسی دکان سے لسی صبح سویرے پلوائی تھی جس کا مزہ آج برسوں بعد بھی یاد ہے، ویسی لسی ہم نے پھر کبھی زندگی میں نہیں پی ہے۔ ان کے بیٹے طارق محمود گوہر وکیل ہیں۔ ہم سے بہت محبت رکھتے ہیں کہ ہم ان کے والد کے دوست کے بیٹے ہیں۔ میرے والد صاحب کی گوہر صاحب سے لگ بھگ چالیس سال دوستی رہی ہے، پرانے زمانے کے لوگ تعلق نبھانے پر سب قربان کرتے تھے۔

ہم نے انھی برسوں میں جس کا تذکرہ کیا ہے اسی میں اسلام آباد سے شائع ہونے والے ایک ماہ نامہ رسالے ''آئینہ'' کے دفتر میں کچھ دن کام کیا تھا جسے ملک فدا الرحمٰن صاحب نکال رہے تھے۔ ہمیں تب خبر نہیں تھی کہ آنے والے برسوں میں ہم خود کسی رسالے کے لیے کام کریں گے یا پھر کسی رسالے میں ہماری کوئی تحریر یا آپ بیتی شائع ہوگی۔

☆☆☆☆☆

اُوئے! دروازہ کھولو!

کون ہے ذوالفقار؟

کون ہے شاہ نواز؟

ایک گرج دار آواز نے مجھے خواب خرگوش کی نیند سے اُٹھا دیا تھا، دروازہ خوب بجا تھا۔

ہم اُٹھے اور اپنے فلیٹ کے کمرے کا دروازہ کھولا، سامنے پولیس اہلکار کھڑے تھے۔

انھوں نے ہمارا تعارف سنا اور پھر نیچے چلنے کا کہا۔

ہم سب فلیٹ کے مکین لگ بھگ صبح کے تین بجے کے قریب ہوٹل میں بیٹھے، چائے منگوائی۔ہم آدھی رات میں پریشان ہو چکے تھے یہ کیا ہوا ہے؟

کہیں ہمیں ہتھکڑی تو لگانے نہیں آئے ہیں تب تک تو واقعی بہت ''شریف'' ہی تھے لیکن بقول ہمارے والد مرحوم کے ''شریف سے بڑا بدمعاش کوئی نہیں ہوتا۔''

یہ تو اللہ کا کرم ہوا تھا کہ 2008 کی اُس رات والد صاحب ہمارے ساتھ قیام پذیر تھے۔وہاں آنے والے سپاہیوں میں سے ایک اہل کار والد صاحب کا شناسا نکل آیا تھا کہ پولیس اور وکیل کا چولی دامن کا ساتھ ہوتا ہے۔جو پولیس کے اہلکاروں کو بلوا کر آیا تھا اُس کا نام تو کچھ اور ہی تھا مگر یہاں اُسے فرقان کا نام دینا چاہتے ہیں۔

دراصل! بات یہ تھی کہ فرقان کی فلیٹ میں رہنے والوں سے نہیں بنتی تھی۔وہ کچھ دے دلوا کر سپاہیوں کو لے آیا تھا کہ ہم نے اُس کا سامان فلیٹ سے باہر پھینکوا دیا ہے۔

مگر قصہ کچھ اور تھا ہم اُسے اپنے ساتھ نہیں رکھنا چاہتے تھے۔

ہم نے اُس سے کہا تھا کہ آپ یہاں سے چلے جاؤ۔تم ہماری وجہ سے تنگ ہو۔

اُس کو اپنے اُوپر اعتماد تھا تب ہی وہ یہ سب کر کے ہم پر رعب ڈالنا چاہ رہا تھا کہ وہ کوئی بڑی ''بلا'' ہے۔

ہم سب نے اپنا موقف بیان کر دیا تھا۔

جب ایس۔ایچ۔او صاحب نے دیکھا کہ یہ سب ''خواتین کی مانند'' جھگڑالو ہیں۔

انھوں نے اُسے چند ماہ مزید ساتھ رکھنے پر قائل کر لیا کہ فلیٹ میں رہنے دیا جائے۔

مجھے آج تک افسوس ہے کہ ساتھ مل کر رہنا ہو تو بات پیار سے کی جاتی ہے۔ آپ کسی کو دھمکا کر اپنی جگہ دل میں نہیں بنا سکتے ہیں۔ دُکھ کی بات یہ ہے کہ جیون ساتھی تک ایک دوسرے کو بُرا بھلا کہہ کر الگ ہو جاتے ہیں جب کہ کہا یہی جاتا ہے کہ یہ عمر بھر کے ساتھی ہیں۔

ہم تقریباً سات لڑکے تین کمروں کے فلیٹ میں رہتے تھے، مہنگائی ہر دور میں ہوتی ہے، بچت کے لیے ایسے عمل کرنے پڑتے ہیں تا کہ اپنے پیاروں کی کفالت اچھے سے کر سکیں۔ میرا بھائی شاہ نواز میرے ساتھ تھا بلکہ یوں کہنا چاہیے کہ میں اُس کے کہنے پر نوکری کرنے کے لیے بہاولپور سے راولپنڈی آیا تھا۔ اُس کی وجہ سے ایک یونی ورسٹی میں اسسٹنٹ لائبریرین تعینات ہوا تھا۔

ہمارا فلیٹ راولپنڈی کرکٹ اسٹیڈیم سے چند گز کے فاصلے پر تھا لیکن حیرانگی کی بات یہ ہے کہ ہم نے کبھی وہاں جا کر کوئی انٹرنیشنل کرکٹ میچ نہیں دیکھا، حالاں کہ کرکٹ ہمارا محبوب کھیل ہے۔

دل چسپ بات یہ ہے کہ ایک دن کرکٹر راؤ افتخار انجم کو بہت قریب سے دیکھا لیکن پھر بھی اُن سے مل نہ سکے کہ ہمیں مشہور احباب سے زیادہ تعلق رکھنے کا شوق نہیں ہے۔

ایک بار وقار ذکاء سے ہمارے دوست جرار حسین شاہ نے درخواست کر کے تصویر بنوانے کی فرمائش کی تو انھوں نے قبول کر لی لیکن ہم نے پس پردہ رہنا گوارہ کر لیا اور اُن دونوں کے پیچھے دور کھڑے ہو گئے۔ یہ تصویر آج بھی ہمارے پاس محفوظ ہے۔

کام کرتے ہیں تو پھر سامنے آتے ہیں ہم
بڑے لوگوں میں تصاویر نہیں بنواتے!

☆☆☆☆☆

یہ اُن دنوں کا قصہ ہے جب میں نے سوچا کہ نونہالوں کو اچھے طریقے سے پڑھانے کے لیے مجھے Bachelor of Education (B.Ed) کر لینا چاہیے۔

میں نے ایک یونیورسٹی میں داخلہ لیا اور شب و روز گزرتے گئے۔ پھر وہ دن آیا جب ہمیں اس کی ڈگری

کے حصول کے لیے ایک لازمی شرط یعنی اسکول میں پڑھانا پوری کرنی تھی۔

میں نے ایک دوست فہید ہاشمی کی وساطت سے اُن کے اسکول میں پڑھانا شروع کر دیا۔

یہ اسلام آباد کا اسکول تھا جو کہ اس لیے منتخب کر لیا تھا کہ وہاں کا ماحول کافی پسند آیا تھا تب وائس پرنسپل تھرومل سولنکی صاحب تھے۔ایک روز پانچویں جماعت کو پڑھانے کے لیے جب کمرہ جماعت میں داخل ہوئے تو اکثر بچوں کے چہروں پر مسکراہٹ آئی ہوئی تھی۔

میں نے دل ہی دل میں سوچا کہ لگتا ہے کہ سب کافی خوش مزاج سے ہیں۔

اُس روز اُن کے معاشرتی علوم کے استاد چھٹی پر تھے۔

مجھے کہا گیا تھا کہ آپ تربیت حاصل کر رہے ہیں، آپ جائیں اُن کو پڑھائیں۔ہم جوں ہی اپنے لیے رکھی گئی کرسی پر براجمان ہوئے تو پہلی رو میں بیٹھے بچے نے مجھ سے پوچھا:

''سر آپ سے کچھ کہہ سکتا ہوں۔''

میں حیرت زدہ ہو گیا تھا کہ پیارے سے معصوم بچے کو کچھ عرض کرنے کی چاہت ہوئی ہے۔میں نے خوشی سے اجازت دی تو اُس بچے نے کہا''سر آپ بُرا تو نہیں مانیں گے؟''

میں نے کہا''بیٹا! آپ کہو میں آپ کی بات کو سن لوں گا۔آپ کو کچھ نہیں کہوں گا؟''

اُس بچے کا مجھے نام بھولا ہوا ہے کہ یہ 2010 کی بات ہے۔

اُس کا کہا گیا جملہ آج بھی کانوں میں رس گھولتا ہے، مگر مجھے بے تحاشا ہنسنے پر بھی مجبور کرتا ہے۔

اُس نے کہا'' آپ سر نہیں لگتے، آپ بھائی جان لگ رہے ہیں؟''

اُس کی یہ بات سن کر نہ صرف میں خوب ہنسا، بلکہ سب بچے ہی ہنس پڑے تھے۔دراصل وہاں سب پڑھانے والے اساتذہ عمر میں مجھ سے کافی بڑے تھے۔

ان بچوں کے لیے میں واقعی''بھائی جان''تھا۔

ادب اطفال قلم کار نوید احمد اکثر''زلفی بھائی جان'' کہتے ہیں۔اسی نام سے ہم نے''زلفی بھائی جان'' کا ایک کردار تخلیق کیا اور پھر کہانی رسالے کو ارسال کر دی۔وہ مدیر صاحب کو اتنی پسند آئی کہ انھوں نے

شائع کرنے سے گریز کیے رکھا اور پھر ہم نے تقریباً نو ماہ بعد ہفت روزہ مارگلہ نیوز انٹرنیشنل، اسلام آباد کو ارسال کی۔ رسالے کے مدیر نے کمال مہربانی سے شائع کی اور پھر کہانی نے خوب پزیرائی حاصل کی۔
اسی کردار کے تحت اگلی کہانی ''موت کا فرشتہ'' نے قارئین کے دل جیت لیے تھے۔ یہاں افسوس یہی ہے کہ کہانی ''زلفی بھائی جان'' کو روکا کیوں گیا تھا لیکن خوشی اس بات کی ہے کہ اس کی اشاعت نے کردار کو مقبولیت بخشی اور دکھ قدرے کم ہو گیا لیکن بعد میں یہ احساس ہوا کہ یہ کہانی بچوں سے زیادہ بڑوں کے لیے ہے۔ یہاں بچوں کے نام پر بڑوں کی کہانیاں لکھنے والوں کے لیے سبق ہے۔
اس بات کی خوشی ہے کہ کہانی ناقابل اشاعت نہیں ہوئی تھی لیکن مسرت یہ ہے کہ دیر سے سہی مجھے سمجھ آ گئی کہ کہانی کن کے لیے لکھی گئی ہے۔ یہاں کچھ لوگوں کو یہ بھی پتا نہیں چلتا ہے کہ کہانی بچوں کی ہے اور وہ اُسے بڑوں کی قرار دیتے ہیں یہ بھی المیہ ہے۔
جب تک میں نے اُس اسکول میں پڑھایا تھا، روزانہ اس دل چسپ صورتحال پر ہنستا تھا۔
یہ ایک ایسی سہانی یاد ہے جو ہمیشہ اُن سہانے دنوں کی یاد دلواتی ہے۔
اس کے بعد ایک اور قصہ بھی اسی اسکول کی یاد سے جڑا ہے جو مجھے نہیں بھولتا ہے۔ استاد جہاں نظر آتا ہے اکثر بچے اُن کو سلام کرتے ہیں۔ میں نے بچپن میں کئی مرتبہ کیا تھا مگر یہ نہیں جانتا تھا کہ ادے کا بدلہ میرے ساتھ ہوگا۔ اسی اسکول کے چند بچوں نے مجھے دیکھ کر سلام کیا تھا تو احساس ہوا تھا کہ استاد کتنی قدر و قیمت کا حامل ہے۔ یہ الگ بات ہے کہ ہم نے اپنے پاس موجود علم کو دینے میں کنجوسی نہیں کی تھی۔ حسن اتفاق سے جب میری آزمایشی تربیت کی مدت ختم ہو گئی تھی۔ اُس کے بعد اسکول کے پاس سے عین چھٹی کے وقت گزر رہا تھا تب بچوں نے پہچان لیا اور دور سے دیکھتے ہی سلام کیا تھا جس نے دل باغ باغ کر دیا۔
ایک طرف یہ بچے ہیں جو اپنے استاد کا احترام کرتے ہیں اور دوسری طرف کیسے بچے ہیں۔ ایک قصہ سن لیجیے جس میں بچوں کی سوچ بدلی جا رہی تھی اور اس کا براہ راست ذمہ دار ایک استاد تھا۔
یہ اُن دنوں کا تذکرہ ہے جب ہم نے تازہ تازہ میٹرک کیا تھا۔

یہ لگ بھگ چوبیس سال پرانی بات ہے۔

ہم اپنے دوست ارشاد علی کھوہارو کے ساتھ ایک تفریحی مقام پر سیر کر رہے تھے۔ جب چند بچوں کے منھ سے ایک ایسی بات سنی جس نے ہمارے ہوش اُڑا دیے۔ وہ آپس میں بات کر رہے تھے اور ہمارے کانوں میں ان کے کچھ جملے پڑ گئے۔ وہ کچھ ایسا کہہ رہے تھے جس کا واضح مطلب یہ تھا کہ وہ بڑے ہو کر مخالف سوچ کے حامل افراد کو ماریں گے۔ یہ کس وجہ سے کہہ رہے تھے یہ پڑھنے والے اپنے اندازے لگا لیں۔ میرا نہیں خیال کہ آپ غلط نکتے پر پہنچیں گے۔ میرے دوست ارشاد علی کھوہارو نے کہا کہ وہ ایسی سوچ رکھنے والا ہے۔ آپ مجھے مارلو۔

وہ بچے نوعمر تھے انھوں نے کہا ہم ابھی چھوٹے ہیں۔ ہم نے اُن کے استاد محترم سے بات کرنے کی کوشش کی تو انھوں نے یہ واضح کیا کہ وہ ہماری زبان یعنی اردو کو سمجھنے سے قاصر ہیں۔ ہمیں اُس دن حیرت ہوئی تھی کہ یہ سب کیا پاکستان میں ہو رہا ہے۔

ہم وہاں سے واپس آ گئے لیکن وقت گزرنے کے ساتھ ساتھ اس حوالے سے بہت کچھ سمجھ آتا رہا اور پھر ایک دن سمجھ آ گئی تھی کہ ایسے ہی سب کچھ نہیں ہوتا ہے۔

بقول قابل اجمیریؔ

وقت کرتا ہے پرورش برسوں

حادثہ ایک دم نہیں ہوتا

☆☆☆☆☆

ہم نے ادب اطفال کی دنیا میں 2019 میں دوسرا قدم رکھا۔

یہ حادثاتی طور پر ہوا تھا کہ ہم نے ایک رسالے میں ایک ایسی کہانی پڑھ لی تھی جس نے ہمارے تن بدن میں آگ لگا دی تھی اسی نے ہمیں بچوں کے لیے لکھنے پر مائل کیا۔

ادب اطفال کی دنیا میں آ کر معلوم ہوا کہ یہاں نئے لکھاریوں کو سراہنے کا رواج قدرے کم ہے مگر ہم خوش نصیب ہیں کہ پہلی تحریر 2019 میں ماہ نامہ ''پھول'' کو ارسال کی اور ہماری اولین تحریر کو جناب محمد

شعیب مرزا نے یوں پذیرائی دی کہ اُسے اشاعت کے لیے منتخب کرلیا۔

ہمیں بے حد خوشی محسوس ہوئی کہ پہلی تحریر ''بُرائی کا انجام'' اشاعت کے لیے منتخب ہوگئی ہے۔ یہ جولائی 2019 کے شمارے کا حصہ بنی تھی۔ اس نے ہمیں وہ دن یاد کروا دیا تھا۔ جب ہم نے ماہ نامہ ''ہمدرد نونہال'' میں تحریر ارسال کی تھی جو کہ اولین تھی اور شائع ہوگئی تھی۔ ہم نے اسی خوشی میں دوسری تحریر ''ہم کسی سے کم نہیں'' ارسال کر دی۔ ہماری خوش قسمتی یہ دیکھیں کہ وہ بھی اگست 2019 میں شائع ہو گئی۔ اگست میں ہی ہمارا جنم ہوا تھا اس لیے اس کی اشاعت ہمارے لیے سالگرہ کا تحفہ تھا۔

ماہ نامہ ''ہلال فار کڈز'' کی جانب سے پہلی بار رسالہ اور اعزازیہ ملنے نے یہ احساس دلوایا کہ لکھاری کتنا قابل احترام ہے۔ ''نیا عزم'' نامی کہانی اکتوبر 2019 کے ہلال فار کڈز کے شمارے میں شائع ہوئی۔ ہم نے اپنی اگلی کوشش دیگر رسائل میں کرنے کا سوچا۔ پھر چلڈرن لٹریری سوسائٹی کے رسالے ''بچوں کی دنیا'' اور ماہ نامہ ''ساتھی'' کو اپنی تحریریں ارسال کیں۔ یہاں خوش نصیبی ساتھ تھی کہ ہماری اولین تحریریں دونوں رسائل میں شائع ہوئیں یہ ستمبر 2020 کے شماروں کی بات ہے۔ ''بچوں کی دنیا'' کا شمارہ ''دفاع' نمبر' تھا۔ یہ کسی بھی خاص نمبر کے لیے ارسال کی جانے والی اولین تحریر تھی اور خوشی بعد ازاں دوگنی ہوگئی تھی کہ رسالہ بمعہ تحفہ ملا۔ ''آخری وار'' کے نام سے ہماری کہانی شائع ہوئی تھی۔

ماہ نامہ ''ساتھی'' کے ستمبر 2020 میں ہماری کہانی بعنوان ''جانباز سپاہی'' کے نام سے شائع ہوئی۔ اس کے بعد پہلی تحریر ''بچوں کا میگزین''، کراچی کے مارچ 2021 کے شمارے میں ''میں بھی پڑھوں گی'' کے نام سے شائع ہوئی۔ اس کے بعد دوسری کہانی اپریل 2021 میں ''قدرت کے کارخانے'' بھی شائع ہوگئی۔ ماہ نامہ ''پیام سلامتی'' کے مارچ 2021 کے شمارے کے لیے اولین تحریروں نے جگہ بنائی تھی۔ ایک مضمون تھا جس کا نام ''خودکشی مسائل کا حل نہیں'' اور دوسرا ہمارا کسی بھی رسالے کے لیے ارسال کیے جانے والا انٹرویو تھا جو شائع ہوا۔ ہم نے پہلی بار کسی کا انٹرویو لیا تھا اور پھر شائع کروایا۔ جو کہ اسلام آباد کے ایک سرکاری ہسپتال میں بطور Dental Doctor کام کرنے والی ڈاکٹر ماہ نور کا تھا۔ لاہور سے شائع ہونے والے ماہ نامہ ''پیغام'' میں پہلی تحریر ''آزادی دور نہیں'' جو کہ ''کشمیر نمبر

‘‘ کے حوالے سے تھی ،فروری 2021 میں شائع ہوئی۔ اس رسالے کا نام ہم نے بہت سنا تھا مگر پہلی تحریر کی اشاعت نے مزید حوصلہ بڑھا دیا کہ ہم واقعی کچھ لکھ سکتے ہیں۔ اس تحریر کی اشاعت کے بعد ہم نے اسی رسالے کے مدیر محمد نعیم امین صاحب کا انٹرویو لیا۔ بھارت سے شائع ہونے والے رسالے ’’ پرواز بچپن کی ‘‘ کے فروری 2021 کے شمارے میں اولین تحریر ’’ آستین کے سانپ ‘‘ کے نام سے شائع ہوئی۔

ہماری اگلی تحریر لاہور سے شائع ہونے والے ماہ نامہ ’’ بقعہ نور ‘‘ میں مارچ 2021 شائع ہوئی۔ یہ ایک حقیقی سرگزشت تھی جس کا نام ’’ میں زندہ ہوں ‘‘ تھا۔ اس کے بعد دوسری کہانی ’’ چڑیا گھر کی سیر ‘‘ اپریل 2021 میں شائع ہوئی۔ یہ بھی مذکورہ رسالے کو ارسال کی جانے والی اولین تحریروں میں سے تھی جو کہ قابل اشاعت ہوئی۔ ماہ نامہ ’’ مسلمان بچے ‘‘ کے مارچ 2021 کے شمارے میں اولین تحریر کی اشاعت ہوئی۔ ماہ نامہ ’’ کرن کرن روشنی ‘‘ کے اپریل 2021 کے شمارے میں کہانی ’’ ساحل دور نہیں ‘‘ شائع ہوئی۔ اس رسالے کے مدیر اعلا علی عمران ممتاز صاحب اور مدیر غلام زادہ نعمان صابری صاحب کا ہم نے انٹرویو لیا جس نے ادبی دنیا میں ہماری ساکھ کو مزید مستحکم کر دیا۔ محمد ندیم اختر جو معروف ادب اطفال ادیب ہیں ان کے ادبی رسالے ’’ نوائے ادیب ‘‘ میں اولین تحریر اپریل 2021 میں شامل اشاعت ہوئی۔ بھارت سے شائع ہونے والے بچوں کے سہ ماہی رسالے ’’ جنت کے پھول ‘‘ میں کہانی بعنوان ’’ روزے دار ‘‘ مارچ تا اپریل 2021 کے شمارے میں شائع ہوئی۔ سہ ماہی رسالے ’’ جنت کے پھول ‘‘ کے مدیر عنایت اللہ خان نے جس انداز میں حوصلہ افزائی کی وہ میرے لیے بہت اہمیت کی حامل ہے کہ انھوں نے ہمیں بطور بین الاقوامی لکھاری کے اپنی شناخت قائم کرنے کی جانب مائل کیا۔

مارچ 2021 میں ماہنامہ سچی کہانیاں، کراچی میں ہماری پہلی تحریر شائع ہوئی جو کہ ہمیں ڈائجسٹ میں لکھنے والے لکھاریوں میں شامل کر گیا۔ یہاں یہ بات قابل غور ہے کہ سچی کہانیاں میں پہلی کہانی بعنوان ’’ کیسی ہے یہ زندگی ‘‘ مارچ 2021 اور دوسری کہانی بعنوان ’’ الفت برباد ہوئی ‘‘ اپریل 2021 کے

شماروں کا حصہ بنی ہیں یعنی پہلی دونوں تحریریں قابل اشاعت ہوئی ہیں جو کہ یوں بھی یادگار ہوگئی ہیں کہ اشاعت پر اعزازی شماروں کے ملنے سے اطلاع ملی کہ شامل اشاعت ہیں۔

مدیرہ ''منزہ سہام مرزا'' کے بے حد مشکور ہیں کہ انھوں نے تحریروں کی اشاعت کو ممکن بنا کر ہمارے حوصلے کو مزید تقویت بخشی۔

ماہنامہ ''بچوں کا تنزیل'' میں اولین تحریر ''ادب اطفال'' مئی 2021 کو شائع ہوئی۔

ماہنامہ ''نوعمر ڈائجسٹ'' میں اولین کہانی بعنوان ''راشن'' مئی 2021 میں شائع ہوئی، یہ رسالہ معروف ادیب کاوش صدیقی نے نکالا تھا مگر یہ زیادہ دیر تک شائع نہ ہوسکا جو کہ افسوسناک کہا جاسکتا ہے۔ ماہنامہ انوکھی کہانیاں کے اپریل/مئی 2021 کے شمارے میں اولین کہانی ''بے ایمانی'' شائع ہوئی۔ ماہنامہ ''رداڈائجسٹ'' مئی 2021 کے شمارے میں ''کسک'' کے عنوان سے اولین کہانی شائع ہوئی۔ اسی 2021 کے سال سے ایسے موضوعات پر روزنامہ اساس، روزنامہ شہباز اور ہفت روزہ مارگلہ نیوز انٹرنیشنل میں لکھا جس نے مجھے ادب اطفال کی دنیا میں ایک منفرد شناخت دی۔

ایک وہ وقت تھا جب میں نے اولین ادبی کانفرنس میں شرکت کی تو کوئی مجھے نہیں جانتا تھا لیکن 2022 میں اکادمی ادبیات پاکستان کی جانب سے کرائی جانے والی تین روزہ عالمی کانفرنس (بچوں کا ادب: ماضی، حال اور مستقبل) میں تقریباً تمام ادیب میرے نام سے واقف تھے۔

ملے رنج والم جتنے پھر بھی رہے نوشاد
نوازا خدا نے یوں کہ نہ رہی کوئی آس

ہمدرد نونہال میں جہاں اولین تحریر پر انعامی کتاب ملی وہیں وہ رسالہ آج تک نہیں ملا۔ شاید یہی وہ وجہ ہے کہ میں نے بعد میں بچوں کے لیے لکھنے یا رسائل میں لکھنے کو سنجیدگی سے نہیں لیا لیکن اب اپنی ذمہ داری سمجھ کر فرض ادا کررہا ہوں۔ یہ بات مدیران کو سوچنی چاہیے کہ نئے لکھاریوں کو کچھ بھی ہو، کم سے کم اعزازی رسالے تو فراہم کریں بصورت دیگر بروقت اطلاع کردینی چاہیے کہ فلاں مہینے تحریر شائع ہو جائے گی تاکہ حوصلہ برقرار رہے۔ اب لکھاری کو مسلسل رسائل خریدنے پر تحریر شائع ہوتی نہ دکھائی دے

پھر کیسے کوئی مزید لکھ سکے گا۔ ہم تو بھئی کہ سکتے ہیں کہ دو سال بعد بعد از مرگ تمغہ جات اور شائع کردہ تحریروں کا لکھاری کو کیا حاصل ہوگا؟ کم سے کم جیتے جی تو سراہا دیں۔

''بچوں کی دنیا'' ستمبر 2020 کے دفاع نمبر میں شائع کہانی ''آخری وار'' اور ''بچوں کے باغ'' کے دسمبر 2020 میں شائع سرورق کہانی ''سیانے منکومیاں'' رسائل بمعہ تحفے کے ملی تو بے حد خوشی ہوئی کہ کسی نے لکھاری کے لیے کچھ اچھا سوچا ہے۔ ہماری پہلی بار سرورق کہانی شائع ہوئی تھی جس نے ہمارے اندر یہ سوچ بیدار کر دی تھی کہ ہم واقعی بچوں کے لکھاری ہیں۔

☆☆☆☆☆

محمد فہیم عالم اور نذیر انبالوی سے پانچویں عالمی اہل قلم کانفرنس برائے ادب اطفال 2020 کے موقع پر نجی ہوٹل میں 25 اکتوبر 2020 کو ملاقات ہوئی تھی۔ انھوں نے ہمیں سراہتے ہوئے مزید لکھنے کی جانب مائل کیا۔ انھی صاحبان کی بدولت ماہ نامہ ''جگنو'' کے مزاحیہ کردار نمبر کے لیے معروف ادیب ''نوشاد عادل'' کا انٹرویو لینے کا موقع ملا جو کہ میرے لیے ایک خوشگوار حیرت کا سبب تھا کہ وہ میری صلاحیتوں پر اعتبار کر رہے ہیں۔

نذیر ابنالوی صاحب نے جب یہ بتایا کہ ہمارے مضامین اور تحریریں ان کی نظروں سے گزری ہیں تو ہمیں حیرت ہوئی تھی اور خوشی بھی کہ ہم نظروں میں آچکے ہیں۔ مزاحیہ کردار نمبر میں میری کہانی کی اشاعت اعزاز تھا کہ ہم نے ایک کردار ایسا تخلیق کیا جو کہ مزاحیہ کردار نمبر کا حصہ بنا۔ اس خاص نمبر کے لیے انٹرویو محض چار گھنٹوں میں فائنل کر لیا گیا تھا۔ اس سلسلے میں نوشاد عادل بھائی نے بے حد تعاون کیا تھا۔ ایک بڑے نام کے ادیب سے انٹرویو لینا ہمارے لیے یادگار تجربہ ہے۔

اس کے علاوہ ہمیں محمد احمد رضا انصاری، عارف مجید عارف، محمد رمضان شاکر، محسن حیات شارف، عائشہ جمشید، محمد ارباب بزمی، دانیال حسن چغتائی، ببرک کارمل، محمد احمد شیر تبسم، عطرت بتول نقوی، ناصر بیگ، فہیم زیدی، امجد جاوید، محمد عرفان رامے، صفیہ ہارون، سارہ عمر، تنزیلہ یوسف، تنزیلہ احمد، خدیجہ محسن، محمد جعفر خونپوریہ، رخشندہ بیگ، راکعہ رضا، تائبہ طاہر، عطرت بتول، اُم ایمن، نوید

احمد، صفدر علی حیدری، محمد فرحان اشرف، سلمان یوسف سمیجہ، شاہ جہاں، سحرش اعجاز، اقراء اعجاز، حرا فلک، فاکہہ قمر، عیشا صائمہ، عینی ملک، طیبہ زاہد، صدف چوہدری، عرفان حیدر، شاہ رخ گل، میمونہ ارم مونشاہ، حفصہ الماس، پروفیسر محمد سلیم ہاشمی، حورالعین فردوس، افراح خان، ماہر نفسیات زیبائش اصغر، مہرین انوار، صاعقہ علی نوری، سائرہ شاہد، حسن آراء، رمشاء خان، ایوب اختر، جاوید بسام، شفق کاظمی، مبین گل، یاسر فاروق، محمد فیصل علی، مریم ایوب، صباء اظہر، عائشہ حنا، اسعد نقوی، مہوش اشرف، سیدہ ذریت فاطمہ، ڈاکٹر ریشا قمر، امان اللہ نیر شوکت کا جہاں انٹرویو لینے کا موقع ملا ہے، وہیں نامور بھارتی ادب اطفال ادیب، شاعر اور مدرس جناب خان حسنین عاقب کا انٹرویو بھی لیا جو 27 نومبر 2021 کو روزنامہ شہباز، پشاور میں شائع ہوا۔

چند ادیبوں ملک محمد احسن، محمد فرحان اشرف، سحر فارانی، حامد رانا سے پانچویں عالمی اہل قلم کانفرنس برائے ادب اطفال 2020 میں ملاقات ہوئی۔ اس تقریب میں شرکت کرنے سے ہمیں یہ اعزاز ملا کہ ہم نے کسی ادبی کانفرنس میں پہلی مرتبہ شرکت کی اور ایوارڈ بھی سماجی و ادب خدمات پر حاصل کیا جو کہ ہماری زندگی کا اولین ایوارڈ تھا۔

ہم ماہنامہ پھول میں لکھ رہے تھے اسی وجہ سے ہمیں دعوت نامہ ملا تھا۔ ہم اتنے خوش تھے کہ مقررہ وقت سے پانچ گھنٹے قبل پہنچ گئے تھے۔ ہم نے صبح تین بجے سے سات بجے تک کا وقت لاری اڈے پر انتظار گاہ میں جاگتے ہوئے گزارا تھا اور جب مقررہ جگہ پر پہنچے تو وہاں ہماری ملاقات محمد فرحان اشرف سے ہوئی۔ ان کی آمد سے قبل جو مناظر دیکھنے کو ملے وہ ایسے تھے جس نے دنگ کر دیا تھا۔ فرحان اشرف سے کچھ دیر کی گفتگو ہوئی تھی پھر جب تقریب شروع ہوئی تو چوں کہ ہمیں تب کوئی نام سے زیادہ نہیں جانتا تھا اسی وجہ سے ہم نے اپنے تعارف میں وقت ضائع نہیں کروایا اور خاموشی سے ادیبوں کو گھلتے ملتے اور تصاویر بناتے دیکھا تھا۔

حیرت کی بات یہ ہے کہ ماسوائے حامد رانا کے کسی نے ازخود ہم سے بات چیت نہیں کی تھی۔ ہم بھی خاموشی سے ایک جگہ بیٹھے سب دیکھ رہے تھے کہ ہمیں مشاہدے سے سیکھنے کی عادت ہے۔ بورے والا

سے تعلق رکھنے والے رانا محمد شاہد کی باتیں سن کر دل باغ باغ ہوا۔ یہ موصوف کافی عرصہ سے لکھ رہے ہیں۔ ہم نے کئی اخبارات اور رسائل میں شائع تحریروں پر ان کا نام پڑھا تھا، تاخیر سے سہی مگر مل لیا،ہمیں کھرے انسان سے ملنا پسند آیا۔ ان کی آپ بیتی پڑھ کر علم ہوا کہ یہ کتنے سچے اور کھرے ہیں۔ہمیں سالوں بعد کسی نے اگر خط لکھ کر حال دل بیان کیا تو یہی موصوف تھے ان کی کتب اور خط ہمارے پاس محفوظ ہیں جو ہمارا انمول اثاثہ ہیں۔

مظفر حسین بھارہ جو کہ صادق آباد سے تعلق رکھتے ہیں، یہ 2016 سے راقم السطور کو سراہتے آرہے ہیں، اُن کے نزدیک مثالی شخصیت ہیں۔ ہماری باتوں کے مداح ہیں۔ اُن کی محبت ہے کہ وہ اتنے خلوص سے ہمیں یہ بتاتے ہیں کہ اُن پر ہماری باتوں کا اثر ہوتا ہے اور اُن کی زندگی میں تبدیلی آئی ہے۔ بہرام علی وٹو کے جذبے کو دیکھتے ہوئے ''سرائے اُردو، بہاول نگر'' کے نام سے پی۔ڈی۔ایف رسالہ شروع کیا جس میں بطور مدیر انہی کو منتخب کیا بعدازاں محمد دانیال چغتائی کو بطور مدیر اعلیٰ کام کرنے پر راضی کیا۔دانیال حسن سے ملنا ایک تاریخ ساز واقعہ قرار دیا جاسکتا ہے کہ اس کے بعد تاریخ ساز کام سرانجام دیے گئے ہیں۔

''سرائے اُردو، بہاول نگر'' ادبی حلقوں میں کافی پذیرائی حاصل کررہا ہے اور خوشی کی بات یہ ہے کہ اس کی بدولت نئے قلم کاروں کو اپنا آپ منوانے کا موقع مل گیا ہے۔اس میں فاکہہ قمر بطور معاون مدیرہ کام کرکے اپنی ذات کو خوب منوا رہی ہیں۔''لکھاری نمبر'' اور ''کتاب نمبر'' کا آئیڈیا میں نے اسی رسالے کے لیے دیا۔افسوس ناک بات ہے کہ اس حوالے سے کبھی کسی رسالے نے کام نہیں کیا ہے حالاں کہ ادب اطفال میں سب سے اہم ترین موضوعات یہی ہیں۔

ایک قدردان ہمیں بابا بلھے شاہ کی سرزمین سے نصیب ہوئی ہیں۔ یہ ہماری تحریروں کو خوب پسند کرتی ہیں۔ ہمارے خیال میں ایک قاری کا جو لکھاری سے رشتہ ہوتا ہے، وہ اگر خلوص اور سچائی سے قائم رہے تو وہ لکھنے والے اور پڑھنے والے کو بہت کچھ عطا کرتا ہے۔ہمیں اس بات کا احساس ہے کہ ہمارے ہاں کچھ کا کچھ سمجھ لیا جاتا ہے مگر یہ خوشی کی بات ہے کہ آج تک محترمہ حنا راحت کی بدولت ہمیں کچھ

ایسا کرنے کا موقع ملا ہے جو عام حالات میں ہم سے ہونا ناممکن دکھائی دیتا تھا۔ ہمارے لیے خوشی کی بات یہ ہے کہ انھوں نے قلم کو تھام کر کہانیاں لکھنا شروع کر دیا جس نے دل باغ باغ کیا کہ اسی بہانے سے ادبی دنیا میں ایک نیا قلم کار وارد ہوا۔ محترمہ حنا راحت ہماری کہانیاں ایک زمانے میں اسکول کے بچوں کو سناتی رہی ہیں۔ حنا راحت نے اگرچہ لکھنا کم کر دیا ہے لیکن بحثیت استاد یہ سمجھتا ہوں کہ جو قلم کار بچوں کی تدریس سے وابستہ ہیں۔ ان کو مسلسل لکھنا چاہیے کہ وہ دور حاضر کے بچوں کی نفسیات کو اچھی طرح سے سمجھتے ہیں اس وجہ سے ان کا لکھا زیادہ اثر پذیری کا حامل ہوگا۔ اس لیے کوئی بھی وجہ ہو، ایسے قلم کاروں کو جو تدریس سے وابستہ ہوں ان کو لکھنے سے دوری اختیار نہیں کرنی چاہیے۔

☆☆☆☆☆

بھارت سے شائع ہونے والے ماہ نامہ رسالے ''تریاق، ممبئی'' کے جنوری 2020 کے شمارے میں کہانی ''چاہت بنی تماشہ'' پر بھٹنڈہ سے ای میل پر قاری نے داد دی۔

جس نے خوش کر دیا، اصل خوشی ہمارے لیے کچھ اور تھی۔

وہ یہ تھی کہ جب شق القمر کا واقعہ ہوا تھا تو ہم نے اشفاق احمد مرحوم صاحب کی کتاب ''زاویہ'' میں پڑھا تھا کہ رتن ہندی صاحب اسی شہر بھٹنڈہ سے حضور ﷺ کے پاس تشریف لے گئے تھے۔ بس کچھ عقیدت کی بات ہے تب ہی مجھے اندر سے خوشی محسوس ہوئی۔ اسی جذبے سے سرشار ہو کر ہم نے ایک کہانی ''سچی لگن'' لکھی ہے جو شاید ہمارے اندرونی جذبات کی بھرپور عکاسی کرتی ہے۔

ہمارے علم کے مطابق ''بابا رتن ہندی'' کا نام ''رتن ناتھ ابن نصر'' ہے اور وہ عرب ممالک میں اپنے مال کی فروخت کے لیے جاتے تھے۔ بابا رتن ہندی کا تذکرہ علامہ ابن حجر عسقلانی نے ''الصحابہ جلد اول'' میں کیا، علاؤالدین سمنانی نے ''فصل الخطاب'' میں کیا ہے''۔

محترم میر صاحب حسن اور حنیف قمر ماہنامہ رسالے ''تریاق'' کو نکال رہے ہیں۔ انھوں نے تحریر کو شائع کر کے حوصلہ دیا کہ ہم لکھتے رہیں۔ اُن کی وساطت سے کئی لکھنے والوں تک رسائی ہوئی ہے اور بہت کچھ سیکھنے کو ملا ہے۔ میر صاحب حسن نے ایک مضمون ''ترجمہ نگاری سے طبع زاد تک کا سفر'' کو شائع کیا جو

کہ ایک اہم ترین موضوع ہے جس پر کھلے عام جب بھی بات ہوتی ہے ایک طوفان کھڑا ہوتا ہے۔ یہ مضمون ستمبر 2021 کے ماہنامہ تریاق، بھارت کا حصہ بنا تھا۔

اپنی قابلیت کو جانچنے کے لیے ایک انگریزی کہانی لکھی Revolutionary Decision جو کہ بین الاقوامی انگریزی رسالے KIDLIOMAG میں اپریل 2022 کو شائع ہوئی جس نے کم سے کم یہ احساس ضرور دلوایا ہے کہ انسان اگر کچھ کرنا چاہے تو وہ کرسکتا ہے ناممکن کچھ نہیں ہوتا ہے۔ یہ نہیں کہ سکتا ہوں کہ پاکستان سے باہر کے رسالے میں شائع ہوکر کوئی بڑا کارنامہ سرانجام دیا ہے۔

اس سے قبل جرمنی کے اُردو ادبی جریدے ''احساس'' جنوری تا مارچ 2014 کے شمارے میں ہماری ایک تحریر ''کتب خانے۔علم دوستی کے علمبردار'' شائع ہوچکی ہے۔

شفیق مراد صاحب جو کہ جرمنی میں مقیم ہیں۔اُن کی وساطت سے یہ شائع ہوئی تھی ۔موصوف شریف اکیڈمی، جرمنی کے ذریعے خوب ادب کی خدمت کرتے ہیں۔

ماہ نامہ ذوق وشوق، کراچی کے اکتوبر اور نومبر 2022 کے شماروں میں دو کہانیاں ''انقلابی فیصلہ'' اور'' نیکی کا کرشمہ'' شائع ہوئیں تو بے حد خوشی ہوئی کہ ایک وسیع حلقے میں پڑھے جانے والے رسالے میں شائع ہونا ایک اعزاز ہے کہ یوں کئی نونہالوں تک اپنی بات پہنچا کر ان کی تعلیم وتربیت میں اپنا کردار ادا کرسکتا ہوں۔''نیکی کا کرشمہ'' ایک حقیقی کردار کی زندگی سے متاثر ہوکر لکھی ہے۔

میری پہلی کہانی ماہ نامہ مجلہ'' بزم قرآن'' ملتان میں ''خودداری'' کے نام سے نومبر/دسمبر 2022 کے شمارے میں شائع ہوئی۔ یہ اس رسالے کو ارسال کی جانے والی اولین کہانی تھی جسے شرف اشاعت حاصل ہوا۔

ماہ نامہ ساتھی میں طویل عرصے کے بعد'' انوکھی شرط'' کے نام سے ایک اور کہانی دسمبر 2022 میں شائع ہوئی۔ یہ پینتالیس سالہ خاص نمبر تھا جس میں کہانی کی اشاعت نے تاریخ میں ہمیشہ کے لیے امر کردیا ہے کہ جب بھی اس خاص نمبر میں شامل ادیبوں کا تذکرہ ہوگا تو ہمارا نام بھی لیا جائے گا۔

''محبت کرنا گناہ نہیں مگر دل توڑنا ضرور گناہ ہے۔''

یہ میرا سب سے زیادہ پڑھا اور شیئر کیے جانے والا بلاگ ہے جسے 27 ہزار کے لگ بھگ لائکس اور 5000 ہزار شیئر ملے تھے اور آٹھ سو سے زیادہ کمنٹس ملے تھے۔

یہ 4 اکتوبر 2014 کی بات ہے۔

یہ روزنامہ ایکسپریس کی ویب سائٹ پر بلاگ سیکشن میں شائع ہوا تھا۔

اسی لکھنے نے ایک رسالے ''نقیب تصوف'' کے محض دو شماروں کے لیے بطور مدیر کام کرنے کا موقع دیا۔ مجھے جتنا اس رسالے کو سنوارنے کا موقع ملا تھا۔ میں نے اپنی جانب سے بھرپور کوشش کی تھی کہ معیاری مواد قارئین کو پڑھنے کو مل سکے۔ محمد رمضان شاکر کی ایک تحریر جو کہ ''ادبی کرنیں'' میں شائع ہوئی۔ اُس میں انھوں نے تذکرہ کیا تھا کہ ہم نے رسالہ نکالنے کی ایک کوشش کی تھی۔

نور محمد جمالی کے بھائی ببرک کارمل جمالی بلوچستان کے حوالے سے بہترین معلوماتی مضامین تحریر کرنے میں شہرت رکھتے ہیں۔ ہمیں ان کی باتیں اور تحریریں پسند ہیں، مذکورہ بالا دونوں صاحبان پاکستان کے تمام رسائل میں خوب لکھ رہے ہیں، تاہم افسوس ہے کہ ببرک کارمل کو وہ پذیرائی نہیں دی گئی جس کے وہ مستحق تھے۔

فہیم زیدی کا ذکر کرنا بھی ضروری سمجھتا ہوں کہ اپنی بات کہنے کا ہنر جانتے ہیں، اچھا لکھتے ہیں۔ سعودی عرب کے شہر دمام میں رہنے والے فہیم زیدی چند اُن ادیبوں میں سے ہیں جو کہ اپنی مٹی سے تعلق جوڑے ہوئے ہیں۔ میری بے پناہ حوصلہ افزائی کرتے ہیں یہی اُن کی محبت ہے کہ مجھے ایک کہانی میں ایک کردار کو اُن کے نام سے ہی منسوب کرنا پڑا۔ یہ بھارت کے ماہ نامہ رسالے ''تریاق'' میں شائع ہو چکی ہے۔ فہیم زیدی اپنی کہانی کے ناقابل اشاعت ہونے کو جس طرح سے ''قبول'' کرتے ہیں اس طرح کا جذبہ اگر ہم سب میں پیدا ہو جائے تو میرے خیال میں ہماری ذات میں تبدیلی آنا شروع ہو سکتی ہے کہ مجھ سمیت کم لوگ اپنی خامیوں کو تسلیم کرنے کے عادی ہیں۔

یہی موصوف ہیں جو ہمیں کھل کر لکھنے کی جانب مائل کرتے رہتے ہیں۔ فہیم زیدی بھائی کی بدولت میں نے ادبی دنیا میں اپنی انفرادیت قائم کرنے کے لیے کھل کر لکھنا شروع کیا ہے اور انھوں نے ایک بار کہا

تھا ''جب کچھ لکھتے ہو تو اُسے سامنے لاؤ، چھپا کر کیوں رکھتے ہو۔''

ان کی اس بات کے بعد میری زندگی میں انقلاب برپا ہوا ہے۔

میں نے اپنے اردگرد جو بھی دیکھا محسوس کیا میں نے کہانیوں کی شکل میں بیان کرنا شروع کر دیا۔

اب وہ سچائی کسی کو کڑوی لگتی ہے یا میٹھی یہ الگ بات ہے لیکن جن کا ظاہر و باطن ایک ہوگا اُن کو اس سے کوئی مسئلہ نہیں ہوگا۔ ہماری سرگزشت کو پڑھ کر آپ کو لگ رہا ہوگا کہ ہمیں خوب سب سراہتے رہتے ہیں تو ایسا ہرگز نہیں ہے۔ ہمیں بہت سے ایسے واقعات کو سہنا پڑا ہے جس میں ہماری ذات کو بھرپور طور پر نشانہ بنایا گیا ہے یعنی آپ کہہ سکتے ہیں کہ ہمارے کندھے پر بندوق رکھ کر بھی چلائی گئی ہے جو کہ غیر مناسب بات ہے۔ ہم نے دیکھا ہے کہ جب نئے نوجوان لکھاری کچھ اچھا کرتے ہیں تو اُن کی حوصلہ افزائی کی بجائے اُن کی اصلاح زیادہ کرنے کی کوشش کی جاتی ہے حالاں کہ اگر حوصلہ افزائی کی جائے تو وہ زیادہ بھرپور طور پر سامنے آسکتے ہیں مگر اُن کو یہاں تک کہا جاتا ہے کہ ''پاکستان سے باہر'' شائع ہونا کمال نہیں ہے، برسوں سے لوگ شائع ہوتے آئے ہیں۔

ادبی محفلوں کے مقابلوں میں خوب ''لتاڑنے'' کی روایت قائم ہے۔

ہم نے ایک فیس بک ادبی محفل کے مقابلے میں شرکت کی جس کے بعد ہمیں بہت کچھ علم ہوا کہ کسی کو کس طرح سے نیچا دکھا سکتے ہیں بہرحال، دنیا میں اچھے لوگ موجود ہیں۔

ایک ادبی محفل میں ہونے والے مقابلے میں ہماری کہانی ''سفید موت'' انعام یافتہ ٹھہری۔ اس محفل کے روحِ رواں نامور ادیب اعجاز احمد نواب ہیں جو ایک زمانے میں ''مسٹر میگزین'' نکالتے رہے ہیں۔ یہ واحد ڈائجسٹ تھا جس کے شمارے میں باقاعدہ لکھا گیا تھا کہ ''یہ آخری شمارہ ہے اس کے بعد اشاعت نہیں ہوگی۔''

انھوں نے اپنی یادوں کے سلسلے ''اُردو کہانی کا سفر'' میں ہمارا تذکرہ کر کے ہمیشہ کے لیے اپنا دوست بنا لیا۔ ان سے پہلی ملاقات نے ہمیں ان کی شخصیت کے بہت سارے پہلو اُجاگر کر دیے۔ اعجاز احمد نواب کے پاس کئی ادیب آتے رہے ہیں جس کی وجہ سے ان کے پاس ادیبوں کے حوالے سے قیمتی معلومات

ہیں۔ ان سے لکھنے کے حوالے سے بہت سے ایسے قیمتی گر سیکھنے کو ملے ہیں جو کوئی اور ادیب شاید اتنی آسانی سے افشا کرے، جتنی محبت سے یہ علم بانٹتے ہیں یہ انہی کا خاصہ ہے۔

ان سے گفتگو ہوئی تو ایک بات سمجھ میں آئی ہے کہ جب آپ بطور مدیر کام کر لیتے ہیں تو پھر آپ کسی ایسے رسالے کے لیے نہیں لکھ سکتے ہیں جس کا مدیر صلاحیتوں میں آپ سے کم تر ہو۔ وہ آپ کی کہانی کو کچھ اور رنگ میں دیکھے گا اور آپ اُسے کسی اور طرح سے دیکھیں گے۔

دل چسپ بات یہ ہے کہ میں نے ایک معروف ترین رسالے کے مدیر کی جانب سے کہانی میں ''منطقی مغالطہ'' پر بحث کی تھی اور بڑے کھلے دل سے یہ کہہ دیا تھا کہ آپ کہانی کو شائع نہ کریں تاکہ آپ کے رسالے پر بات نہ ہو کہ لکھنے والے نے کیا لکھا ہے۔

میں آج بھی اس بات پر قائم ہوں کہ کہانی کے پیغام کو دیکھا جانا چاہیے۔

یہ قارئین پر ہے کہ کہانی کا منفی یا مثبت پہلو کس نظر سے دیکھتے ہیں۔

یہ بھی سنتے جائیں کہ ہم مذکورہ رسالے میں تاحال شائع نہیں ہو سکے ہیں کہ ہم نے شاید سچائی بیان کر دی تھی جو ناگوار گزری ہے۔

☆☆☆☆☆

''عائشہ! آپ کی تحریر شائع ہوگئی ہے۔''

عائشہ نے پہلے پہل میری بات کو مذاق میں لیا مگر میں نے تصویری ثبوت دیے۔

اس کے بعد جب ماہ نامہ ''بچوں کی دنیا'' گھر پہنچ چکا تھا۔

عائشہ بہت خوش ہو چکی تھی۔

ایک ایسی لڑکی جس کا لکھنا شوق تھا مگر بہت سی وجوہات کی بناء پر لکھ نہیں رہی تھی۔

اُسے حوصلہ دے کر لکھنے کی جانب یوں مائل کیا تھا کہ اُس کی پہلی تحریر قابل اشاعت ٹھہری۔

مجھے اپنی خوشی یاد آ گئی کہ بہت عرصہ قبل جب میں نے لکھنے کا سوچا تھا اور اپنی اولین تحریر کو قابل اشاعت ہوتے دیکھا تھا۔

مجھے بھی یقین نہیں آیا تھا کہ ''لکھنے کے جراثیم'' پائے جاتے ہیں۔

آج یہ دیکھتا ہوں کہ نوجوانوں کی کوئی بھرپور رہنمائی اور حوصلہ عطا کرنے والا نہیں ہے تو دل اندر ہی اندر سے دُکھتا ہے۔ جب میں نے لکھنا شروع کیا تھا تب اماں جی نے میری حوصلہ افزائی کی تھی۔ ہم آج ادبی دنیا میں بھرپور طور پر کام کر رہے ہیں تو اس کے پیچھے کئی قلم کاروں، قارئین اور رسائل و ویب سائٹس کے مدیران سے ملنے والی حوصلہ افزائی ہے۔

میں نے جب سے ہوش سنبھالا ہے اپنے اردگرد بہت سی کہانیوں کو دیکھا ہے اور کچھ میں اپنا کردار بھی پایا ہے۔ اب یہی دیکھ لیں کہ ''عائشہ ایوب'' کی خواہش پوری کر کے جتنی خوشی مجھے ہوئی ہے شاید اُسے خود بھی نہ ہو مگر یہاں یہ بات اہم ترین ہے کہ اگر آپ کو سکھانے والا صاف نیت ہو اور آپ کو اپنے ساتھ لے کر کامیابی کی طرف چلنا شروع کرے تو ہی آپ کامیاب ہو سکتے ہیں۔

کچھ ایسی ہی بات کراچی سے تعلق رکھنے والی ''عائشہ ایوب'' کی کہانی پر عارف مجید عارف نے مجھ سے عرض کی تھی کہ ''ایک آپ جیسے اُستاد ہیں، جو حق ادا کر رہے ہیں اور ایک ہمیں ٹکرائے تھے۔ اللہ سب کو ہدایت عطا فرمائے۔''

میں نے اپنے فیس بک پیج پر اپنی ہونہار شاگرد کو سراہنے کی خاطر کچھ تحریر کیا تھا تب ہی انھوں نے یہ بات کہی تھی۔

یہ میری اولین حوصلہ افزائی نہیں تھی۔

میں نے ہمیشہ دوسروں کے ساتھ نیکی کی ہے۔ وہ کہتے ہیں نا کہ آپ ایسی نیکی کرو کہ دوسرے ہاتھ کو بھی پتا نہ چلے تو بس ہم کچھ ایسا ہی مزاج رکھتے ہیں۔ ہماری یہی عادت عائشہ ایوب میں بھی بدرجہ اتم پائی جاتی ہے۔ عائشہ ایوب ماہر نفسیات بن رہی ہیں اور مجھے یقین ہے کہ تعلیم مکمل کرنے کے بعد ضرور قلم کو تھام کر شعور بیداری میں اپنا کردار ادا کریں گی۔

عارف مجید عارف بھائی عمدہ مزاح نگار ہیں۔ ماضی میں لکھتے لکھتے ''غائب'' ہوئے ہیں۔ ان کی ''گمشدگی'' کے بعد ''برآمدگی'' کا سہرا نوشاد عادل بھائی کو جاتا ہے۔ انھی کی بدولت عارف مجید عارف

نے پھر سے لکھنا شروع کیا۔ ویسے حیرت کی بات ہے جس شخص کی وجہ سے وہ ادبی دنیا سے دور ہوئے تھے وہ بھی ادیب تھے اور جن کی وجہ سے واپسی ممکن ہوئی ہے وہ بھی ادیب ہیں۔

یہ ادبی دنیا میں کیا ہو رہا ہے یہاں کم سے کم ایسا ہونا نہیں چاہیے تھا، جو دکھائی کچھ دیتے ہیں اور اندر سے کچھ ہوتے ہیں۔ عارف مجید عارف نے اپنی اولین کتاب ''خطا کار'' کے پیش لفظ میں ہمارا تذکرہ کر کے ہمیں تاریخ میں محفوظ کر دیا کہ ہماری محبت بھی کسی کو بطور ادیب آگے بڑھا سکتی ہے۔

☆☆☆☆☆

''ابو جی! فوت ہو گئے ہیں۔''

یہ کہنا کتنے کرب میں مبتلا کرتا ہے یہ وہی جان سکتے ہیں جن کے والد اس دنیا میں نہیں ہیں۔

جب آپ سے کوئی پوچھے کہ آپ کے ابا جی زندہ ہیں؟

آپ کا بس اتنا کہنا کہ ابو جی کا انتقال ہو گیا ہے۔

آپ کو اُس لمحے میں لے جاتا ہے جب آپ نے کسی کو کھویا ہوتا ہے اور آپ اُس کو بے بسی سے جاتے ہوئے دیکھ رہے ہوتے ہیں جس نے آپ کو بڑے لاڈ سے پالا ہوتا ہے۔

مجھے آج تک اس بات کا صدمہ ہے کہ میں شروع سے ہی اپنے ابو جی سے بہت ڈرتا تھا۔ یہ ڈر اس لیے تھا کہ وہ غصے کے بہت تیز تھے اور یہی عادت مجھے بھی ورثے میں ملی ہے اسی غصے کی وجہ سے میں ان سے دور رہا ہوں۔ یہ اس وجہ سے بتا رہا ہوں کہ آپ کو اندازہ ہو سکے کہ جن بچوں سے والد بے پناہ پیار کرتے تھے، اُن پر شدید غصہ بھی کیا جاتا تھا۔

باپ اور بیٹا آج خود سوچ سمجھ لیں کہ بچے اُن کو کس قدر ستاتے تھے جو وہ اس قدر غصہ کرتے تھے کہ ان کی پٹائی ہو جاتی تھی۔ والد صاحب کے گزر جانے کے بعد میرے اندر کا غصہ کہیں دب ہی گیا ہے، لیکن جب ''آتا ہے تو بے حد آتا ہے۔''

والد صاحب کی وفات یعنی 2014 کے سال سے قبل کی بات ہے کہ ایک بار اُنھوں نے مجھے کچھ زیادہ ہی سنا دیا تھا اگر چہ وہ مجھ سے بے حد محبت رکھتے تھے کہ ایک تو اُن کے بڑے بیٹے تھے، دوسرا جب

14 اگست کو پیدا ہوئے تھے تو ہمارے دل کے ساتھ کچھ مسئلہ ہو گیا تھا۔

یہ سوچنے کی بات ہے کہ روز اول سے ہم دل کے مریض بن گئے، آیندہ زندگی میں ہمارا کیا ہونا تھا۔

بات کچھ یوں ہے کہ میرے دل میں پیدائشی نقص تھا اس طرح کے بچوں کی زندگی کو بے پناہ خطرات لاحق ہوتے ہیں۔ اس بیماری دِل نے ابا جان کے ساتھ ہمارے تعلق کو مضبوط کر دیا تھا۔

جس دن ابا حضور نے کچھ سنایا تھا ہم نے تو سن لیا تھا مگر اگلے ہی دن وہ میرے کمرے میں آئے۔

انھوں نے کہا کہ ''اُن سے غلطی ہوئی ہے اُن کو کچھ غلط فہمی ہوئی تھی۔''

اُن کی یہ معافی ہمیں رلا گئی تھی۔

کہاں ایسے باپ ملتے ہیں جو اپنی اولاد کے سامنے خود کو یوں مثال بناتے ہیں کہ بیٹا جب غلطی ہو تو عمر نہیں دیکھی جاتی ہے، بس معافی طلب کر لی جاتی ہے۔ مجھے جس بات کا صدمہ ہے، وہ یہ ہے کہ میں ڈر کے مارے کبھی اپنے ابا جی سے یہ نہیں کہہ سکا تھا کہ ''میں آپ سے بے پناہ محبت رکھتا ہوں۔''

یہی وہ سوچ ہے جس نے مجھے از سر نو ادب اطفال کی جانب مائل کیا تا کہ یہ شعور بیدار کر سکوں کہ بچوں کو وہ اعتماد دیں کہ وہ آپ سے سب کچھ کہہ سکیں۔

یہ کیسا ڈر ہے کہ ایک بچہ اپنے والدین سے اپنے دل کی بات نہ کہہ سکے۔ جو والدین اپنے بچوں کو اعتماد دیتے ہیں وہی اپنے والدین کے لیے اثاثہ بنتے ہیں۔

جب تک بچے اور والدین کے درمیان دوستی والا تعلق نہیں ہوگا وہ گمراہ ہونے سے نہیں بچ سکے گا۔ اگر والدین بچوں کو نہیں سمجھیں گے تو پھر وہ نفسیاتی مریض بھی بن سکتے ہیں۔ ایسی کئی مثالیں میرے علم میں ہیں۔ آج کسی بچے یا بچی کو کوئی جسمانی یا جنسی طور پر ہراساں کرتا ہے۔ اگر وہ والدین کے ساتھ مضبوط تعلق میں نہیں ہوں گے تو وہ سب خود سہ لیں گے اور پھر جو ہوگا وہ ایک کہانی کو جنم لے گا۔ اس لیے باہمی تعلق لچک دار ہونا چاہیے۔

مجھے ایک لڑکی نے بتایا تھا کہ اُس کو ماموں نے ہراساں کیا۔ اس کی شکایت اماں کو کی تو انھوں نے اس کی بات پر یقین نہیں کیا تھا بلکہ اُلٹا کہہ دیا تھا کہ تم میرے بھائی پر الزام لگا رہی ہو۔

جب اس طرح کی باتیں ہوتی ہیں تو پھر کب بچے والدین پر اعتماد کر سکتے ہیں۔

ایک اور قصے میں ایک لڑکی کو اس کے اپنے استاد نے ہراساں کیا تو بھی اس کی اماں نے خاموش رہنے کا حکم دیا لیکن وہ لڑکی جیتے جی مر رہی تھی۔ یہ میری خوش نصیبی ہے کہ اُسے زندگی کی جانب لے آیا۔

میں نے کئی ایسے افراد کو جو زندگی کی تلخیوں سے تنگ آ چکے تھے ان کو مثبت سوچ پیدا کر کے واپس زندگی میں لایا ہوں۔ میں اس لیے بھی کامیابی حاصل کر رہا ہوں کہ میرے پیچھے دعائیں ہیں۔

والد صاحب اپنے کام کی وجہ سے مصروف رہتے تھے مگر والدہ نے ہماری اُس طرح سے خدمت کی ہے جس طرح سے اُن کا حق بنتا تھا۔ انھوں نے اپنے فرائض کو بہ خوبی سرانجام دیا۔ میں اپنی اماں کے ساتھ اُن ماؤں کو بھی سلام پیش کرنا چاہتا ہوں جو خاوند کے صبح سویرے گھر سے نکلنے کے بعد رات گئے اُس کی واپسی تک اپنے بچوں اور گھر کو یوں سنبھالتی ہیں کہ اولاد فرماں بردار رہتی ہے اور گھر کا نظام بھی خوب چلتا ہے۔ اپنے گھر کو بسانے کی خاطر سب خوشی سے داؤ پر لگا دیتی ہیں کہ اُن کو اولاد کے لیے جینا ہوتا ہے۔ اگرچہ والد صاحب کے غصے کے مقابلے میں والدہ کا مزاج بہت نرم تھا مگر اُن کی اس نرم خوئی نے ہمارے مزاج پر خوب اثر ڈالا ہے اور ہم اکثر ناقابل برداشت حرکتوں پر دوسروں کو معاف کر دیتے ہیں۔

☆☆☆☆☆

ایک بڑے نامور ادیب نے ہم سے معافی مانگی۔

یہ بات میرے لیے بے حد انوکھی اور جذباتی کر دینے والی تھی۔

میں ان کی بہت عزت کرتا ہوں اور میری کبھی خواہش نہیں رہی ہے کہ میں کچھ ایسا کروں کہ کوئی مجھ سے معافی کی درخواست کرے۔ اگرچہ اُن کی معافی ان کی اپنی کوتاہی یا غلطی کے سبب نہیں تھی لیکن جو کچھ میرے ساتھ ہوا۔ اس کے بعد ان کی جانب سے یہ کہنا میرے لیے بے حد المناک تھا۔ اگرچہ ان کی جانب سے یہ عمل پسندیدہ نہیں ٹھہرا۔ لیکن میں یہ سوچ رہا ہوں کہ بسا اوقات ہماری معافی کی بات پھر سے تعلقات بحال کروا دیتی ہے لیکن وہ کشش قائم نہیں رہتی ہے جو اختلافات سے قبل ہوتی ہے۔

اللہ جانے کہ میرے ساتھ ہونے والے ایک المناک معاملے میں ان کا کردار کتنا اہمیت کا حامل تھا لیکن یہ انکشاف کردوں کہ میرے لیے ایک ایسا لفظ کہا گیا تھا جو میرے لیے بطور ادیب شرم سے ڈوب کر مرنے کا مقام تھا اور دل چسپ بات یہ ہے کہ جس نے کہا تھا اُس کی اپنی آواز میں براہ راست سنا تھا۔اس لیے میں نے معافی سے زیادہ اپنی عزت اور خوداری کو دیکھتے ہوئے معافی سے زیادہ مستقبل کو دیکھا اور ایک فیصلہ کرلیا۔

جس پر میں خوش ہوں کہ میں نے زیادہ بگاڑ پیدا نہیں کیا اور اپنے غصے کو کہانی کی صورت میں نکال دیا اور اُس کہانی کا عنوان وہی رکھا جو مجھے کہا گیا۔

یہ میری جانب سے بھرپور شکایت کا ادبی انداز تھا۔

میں نے زندگی میں بہت کچھ اس وجہ سے برداشت کرلیا تھا کہ میں نے دیکھ لیا تھا کہ بُرے حالات اور رویے کو کس طرح سے ہماری اماں برداشت کرتی چلی آرہی ہیں لیکن جب کوئی مسلسل خلوص کے ساتھ آپ کے کام کررہا ہو اور آپ اُسے کچھ کہیں تو یہ بے ادبی ہے۔ایسے افراد سے قطع تعلقی کرنا ہی بہترین انتقام ہے کہ پھر لوگ ہمارے حوصلے کو آزمانا شروع کردیتے ہیں۔

یہ کون لوگ ہوں گے؟

یہ وہی ہوں گے جو بے ادب ہونگے چاہے وہ بظاہر ادب کے بڑے مینار ہی کیوں نہ دکھائی دیں۔

ایک اور دل چسپ بات سن لیجیے کہ اکثر ہم نے عمومی رویوں پر کچھ نہ کچھ لکھ کر پیش کیا ہے تو وہ یوں لیا جاتا ہے جیسے ہم نے کسی خاص فرد کے نام لکھا ہو۔

اسی طرح کے ایک قصے میں ایک صاحب نے ہمیں ای میل میں کچھ یوں لکھا جو پزیرائی کے ساتھ عزت افزائی کے زمرے میں آتا ہے۔

”لکھنے کی صلاحیت کا مطلب یہ نہیں ہے کہ آپ Miscommunication اور Misconception پر مبنی رائے فوری طور پر فیس بک کی نظر کریں۔“

ہم نے ایک مضمون بعنوان ”دوسروں کو سراہنا سیکھیں“ سے اقتباس فیس بک پر پیش کیا تھا جس کے بعد

مذکورہ صاحب نے حقائق کو سمجھے بنا ہمیں سناتے ہوئے مذکورہ بالا جملہ کہا تھا۔ اُن کو ایسا محسوس ہوا تھا کہ اقتباس خاص کر ان کے لیے یا ان کے ادارے پر براہ راست حملہ ہے۔ یہ مضمون روزنامہ اساس، راولپنڈی میں 7 اگست 2022 کو شائع ہوا تھا لیکن اقتباس دو روز قبل لگائے تھے جس نے معاملات سنگین کر دیے تھے۔

مجھے بے شمار احباب نے کہا کہ ادیب ایسے ہیں، ویسے ہیں۔

میں نے ہمیشہ خاموشی اختیار کی ہے کہ ہر انسان کبھی نہ کبھی آزمائش میں آجاتا ہے اور کچھ نہ کچھ غلط کر جاتا ہے یا اُس کے ساتھ ہو جاتا ہے لیکن کم سے کم یہ بات تو غیر مناسب ہے کہ آپ خواتین ادیبوں سے اُن کے رابطہ نمبر مانگیں۔ یہ شکایات مجھ تک پہنچی ہیں اور تصویری عکس کی صورت میں پہنچائی گئی ہیں۔ ان خواتین کو کیسے ہراساں کیا جاتا ہے یہ مجھے بتانے کی ضرورت نہیں ہے لیکن یہ افسوس ناک ہے کہ ادب میں ایسے احباب موجود ہیں جو محبت کے نام پر خواتین کو اپنے چنگل میں پھنسانے کی کوشش کرتے ہیں اور اپنے مذہوم مقاصد کے حصول کو ممکن بنانے کی کوشش کرتے ہیں۔

یہ سب چوں کہ میں نے سنا ہے اس لیے مجھے بہت برا لگا ہے کہ ایسا کیوں ہو رہا ہے؟

میں نے عالمی ادیب اطفال اُردو ڈائریکٹری کے لیے کام کرنا شروع کیا تو یہ بات علم میں آئی کہ اگر رابطہ نمبر لکھ دیے تو پھر ہمارے ہاں جس طرح کا رویہ اور لوگوں کی سوچ ہے۔ انھوں نے تو خواتین قلم کاروں کی زندگی کو اجیرن کر دینی ہے جن کے ہاتھ ٹیلی فون نمبرز آئیں گے۔ اس ڈائریکٹری کی اشاعت میرے لیے بہت اہم ہے کہ اس کی بدولت ایک دوسرے سے جہاں رابطہ آسان ہوگا وہیں ایک دوسرے کے تجربات سے سیکھنے کا ایک ذریعہ بن جائے گا۔ اگر چہ بہت سے نامور ادیب اس طرح کی ڈائریکٹری کی اشاعت کو اچھا نہیں سمجھتے ہیں لیکن بین الاقوامی سطح پر یہ پہلی کوشش ہے کہ دنیا بھر کے ادیبوں کے کوائف کی شمولیت کے ساتھ یہ شائع کی جائے اور ان شاء اللہ ایک دن یہ ضرور سامنے لائی جائے گی۔ اس کے لیے بہت سے بچوں کے قلم کاروں نے کوائف دینے سے انکار کیا۔ جس نے یہ سوچنے پر مائل کیا کہ ہم بس ادب اطفال کے فروغ کے لیے اپنی ذات اور کام کو تو ترجیح دیتے ہیں لیکن

کوئی دوسرا اچھا کام کرنے لگے تو ہم پھر اُسے ناکام کرنے کے لیے اپنی پوری کوشش کرتے ہیں۔
اس ڈائریکٹری کے لیے جنھوں نے کوائف فراہم کیے ہیں میرے لیے وہی سچے اور حقیقی ادیب کہلانے کے لائق ہیں کم سے کم انھوں نے عملی طور پر یہ ثابت کرنے کی کوشش نہیں کی کہ وہ کچھ اور ہیں۔اس ڈائریکٹری کے لیے جن قلم کاروں نے اپنے کوائف فراہم کیے ہیں میں ان کا احسان مند ہوں کہ انھوں نے میری ذات پر بھروسہ کیا ہے اور یہی وہ اعتماد ہے جس نے ہم سب کو جوڑ کر رکھا ہے اور میری خواہش ہے کہ ہم سب ادیب مل کر یہ ثابت کریں کہ ادب سے جوڑا ہر فرد باادب ہے۔
میں نے برسوں سے یہ بات اپنے لیے طے کر رکھی ہے کہ کچھ بھی ہو جائے میں نے رانگ نمبر کال نہیں اُٹھانی ہے اور اسی وجہ سے رشتے دار شکوہ کرتے رہتے ہیں لیکن میں کسی کی خاطر اپنا اصول نہیں توڑ سکتا ہوں۔ میں یہ ضروری سمجھتا ہوں کہ آپ کو بتا دوں کہ اگر آپ کسی سے بات کرنا چاہتے ہیں اور آپ کے پاس رابطہ نمبر ہے تب آپ کو پہلے پیغام دینا چاہیے اور پوچھنا چاہیے تاکہ اگر کوئی اُس وقت مصروف ہے تو آپ اُسے تنگ نہ کریں اور کسی اور نمبر سے بھی فون کرنے لگیں تب بھی ضرور بتائیں تاکہ آپ کا پیغام دیکھ کر کوئی فون کال سن لے۔
آپ کے لیے کوئی اپنا ضروری کام تب چھوڑے گا جب معاملہ کوئی اہم ترین ہو۔یوں سمجھ لیجیے کہ ڈائریکٹری کے بہترین استعمال کا ایک نسخہ بتایا ہے تاکہ آپ کی وجہ سے کسی کو نقصان نہ ہو۔اس ڈائریکٹری کی بدولت اگر ادب کے حوالے سے رابطے مثبت سرگرمیوں کا پیش خیمہ ثابت ہوئے تو یہ میری زندگی کا بہترین اثاثہ ثابت ہوگا۔
ایک خاتون نے مجھ سے فیس بک پر رابطہ کرنا چاہا لیکن میری طرف سے کوئی جواب نہ ملنے پر ایک نامور ادیب سے رابطہ کیا اور میرا نمبر مانگا۔انھوں نے بلا اجازت نمبر دیا کہ شاید ان کو مجھ سے بہت خاص کام ہوگا لیکن جب انھوں نے بتایا کہ نمبر کس نے دیا ہے تو میں نے اپنا سر پکڑ لیا۔
یہ افسوس ناک بات ہے کہ ہم ادیب کیا کچھ کر رہے ہیں اور ہم ادب سے وابستہ ہیں۔

☆☆☆☆☆

میرے نانا مرحوم عبدالقادر خان لودھی، بہاولپور میں زراعت کے محکمے میں ڈپٹی ڈائریکٹر ہوا کرتے تھے۔لیکن یہ تب کی بات ہے جب ہم چھوٹے ہوتے تھے، ابھی نوعمر تھے جب اُن کی وفات ہوئی۔دوسری طرف ہماری نانی اماں مرحومہ صغراں بی بی بے حد خوش مزاج خاتون تھیں۔

ہماری زندگی میں بچپن میں تفریح کا بڑا سامان نانی اماں کے گھر میں ہوتا تھا۔اس کی بڑی وجہ یہ تھی کہ وہاں سب خالہ زاد جمع ہوجاتے تھے، پھر ہم اپنی مرضی کے کھیل کھیلا کرتے تھے۔اُس زمانے میں ہم کبھی کبھار فلم دیکھ لیا کرتے تھے۔یہی شوق آج بھی قائم ہے مگر جب سے خاص طور پر ادب اطفال کے لیے لکھنا شروع ہوئے ہیں اپنے اردگرد کے واقعات کسی فلم سے کم نہیں دکھائی دیتے ہیں۔

ہمیں اب اپنے اردگرد چلتی پھرتی ''فلمیں'' دکھائی دیتی ہیں۔

ادیبوں کی آپس کی چپقلش کی داستانیں کچھ نہ کچھ ایسی ہیں کہ وہ ایک سپرہٹ فلم بن سکتی ہیں، لیکن ہم نے سوچا ہے کہ ایسے تلخ موضوعات پر کہانی لکھنی چاہیے، بہتری لانے یا کسی کی اصلاح کی خاطر ایسی تجویز بری نہیں ہے۔

لڑکپن کے زمانے میں اپنے ایک رشتے دار کو محبت کے اظہار کے طور پر محبوبہ کا نام پتنگ پر لکھ کر اُسے اُڑاتے بھی دیکھا ہے اور پھر اسی محبت نے اُن پر جو ستم ڈھائے وہ بھی دیکھے ہیں۔انھوں نے گھر چلانے کے لیے جو معمولی سے کام کیے وہ بھی نظروں میں ہیں۔جو یہ ثابت کرتا ہے کہ کوئی کام بُرا نہیں ہوتا ہے جب زندگی جینا ہو تو پھر گزر بسر کے لیے حلال روزی کوئی بھی کام کر کے کمائی جاسکتی ہے۔

☆☆☆☆☆

میرے والد صاحب (سید ظہور احمد بخاری) کا تعلق پنجاب کے ضلع رحیم یار خان کی تحصیل لیاقت پور کے ایک گاؤں شیدانی شریف سے تھا۔دادا غلام سرور شاہ مرحوم کا زرعی رقبہ کچہ بھپلہ گاؤں میں تھا۔والد صاحب نے اپنی زندگی بڑی خوشحالی میں گزاری۔انھوں نے اپنی زندگی کو خودمختاری کے ساتھ گزارا۔انھوں نے ہمیشہ سچ بولنے اور حق کی جنگ لڑنے کا درس دیا۔ایک غلطی انھوں نے کی تھی کہ اُنھوں نے دادا مرحوم کی جانب سے ملنے والے زرعی رقبے کی دیکھ بھال کسی اور کے سپرد کر دی جس کا

خمیازہ یہ بھگتنا پڑا کہ ایک وقت آیا جب اُن کے پاس چند کنال زمین باقی رہ گئی۔

اس بات کا احساس اُن کو شاید آخری عمر میں ہوا ہوگا مگر اس حوالے سے اُنھوں نے کھل کر بات نہ تو مجھ سے کی اور نہ ہی کبھی والدہ سے کی۔ مجھے لگتا ہے کہ بچوں کے لیے ''اپنا گھر'' نہ دے پانا ایک والد کے لیے بڑا صدمہ ہوتا ہے۔ والد صاحب نے دادا مرحوم کے انتقال کے بعد تعلیم پر توجہ دی۔ انھوں نے ایس۔ای۔کالج، بہاولپور سے ایف اے کیا پھر کراچی کا رخ کیا اور بی اے کے بعد بی۔ٹی کا کورس کرلیا۔ جس کے بعد اُنھوں نے دس سال بطور اُستاد نوکری کی۔ انھوں نے شادی سے قبل یونیورسٹی آف کراچی سے وکالت کی ڈگری لی۔ دل چسپ بات یہ ہے کہ اسٹیل ملز، کراچی میں نوکری ملنے پر نہیں کی تھی۔ یہ انکشاف ان کی وفات کے بعد ملنے والے کاغذات سے ہوا۔ اُس کے بعد اُنھوں نے وکالت کے شعبے کو ایسا چنا کہ پھر اپنی زندگی کے چونتیس سال اسی میں لگائے۔ انھوں نے جو کمایا، وہ ہم بچوں پر ہی لگا یا۔ اپنے بچوں کو ہر وہ شے دی جس کے شاید وہ اپنے بچپن میں متمنی تھے۔ اُس دور میں جب عام لوگوں کے پاس کچھ جمع کر کے گھر بنانے کا شوق تھا، وہ ہماری عیاشی کے لیے سب کچھ دلواتے تھے۔ اب وہ کھلونوں کی بات ہو یا پھر کہیں گھمانے کی، ابا جی نے ہماری ہر وہ خواہش پوری کی جس کی ہم تمنا کرتے تھے۔ مجھے یاد نہیں ہے کہ کبھی میں نے کچھ کہا ہو اور وہ پیش کیا گیا ہو۔ اس کی وجہ یہ ہے کہ سب کچھ گھر میں کہنے سے پہلے لا کر رکھ دیا جاتا تھا۔

آپ کہ سکتے ہیں کہ ہم بہن بھائیوں میں وہ حرص و ہوس نہیں ہے جو کہ آج کے دور میں عام ہو چکی ہے، آج ہر ایک دوسرے کے پاس موجود چیزوں کو کم سے کم دل ہی دل میں ضرور اپنی دسترس میں رکھنے کا خواب دیکھتا ہے۔ یوں بھی جب آپ کے پاس سب کچھ خود سے آ رہا ہے اور مل رہا ہے تو پھر آپ کسی دوسرے کے ہاتھ پر رکھی چیز پر نظر نہیں رکھتے ہیں۔

ہم جب چھے ماہ کے تھے تب کراچی گئے تھے۔ حالات کی خرابی کے بعد والد صاحب نے کراچی کو چھوڑ دیا اور اُس کے بعد اُن کی اگلی منزل بہاولپور تھی۔ کراچی کے حالات سنگین حد تک خراب ہونا شروع ہو گئے تھے اگر امن رہتا تو ہماری ہجرت نہ ہوتی۔

میری پیدائش سے قبل پاکستان میں بہت کچھ ہو چکا تھا۔

ایک حصہ جدا اور ذوالفقار علی بھٹو شہید ہو چکے تھے۔

بہاولپور ریاست کے بارے میں آپ نے خوب سنا ہوگا۔اسی شہر میں ہمارا جنم ہوا تھا۔

پہلے نام ذوالقرنین رکھا گیا مگر بیمار زیادہ رہنے کی وجہ سے نام بدلنا پڑا۔

والد صاحب کے دل میں ذوالفقار علی بھٹو کی محبت خوب تھی تو ہمارا نام ''ذوالفقار علی بخاری'' رکھا گیا۔شہید بھٹو کی کرشماتی شخصیت کا سحر ہمارے والد پر اتنا تھا کہ ہمارے بعد جس کا جنم ہوا،وہ تھے ہمارے بھائی ''شاہ نواز'' یعنی بھٹو صاحب کے بیٹے کے نام پر رکھا گیا تھا۔اب ''پنکی'' بھی خاندان میں موجود ہے۔حضرت علی رضی اللہ تعالیٰ عنہ کی تلوار کا نام بھی ''ذوالفقار'' تھا۔اسلام میں کسی تلوار کو اتنی شہرت حاصل نہیں ہوئی ہے جتنی ''ذوالفقار'' کو ہوئی۔''فقار'' ریڑھ کی ہڈی کو کہتے ہیں اور اس تلوار کے بلیڈ کے وسط میں ایک ابھار تھا۔توپ کاپی میوزیم میں جس تلوار کو حسن التہامی نے ''ذوالفقار'' کے طور پر شناخت کیا ہے۔اس کے بیچ میں دستے سے لے کر نوک تک ایک ابھار موجود ہے۔

جب پہلا بچہ گھر آتا ہے تو خوب رونق ہوتی ہے تو ہمارے گھر میں خوشی اپنے عروج پر تھی۔اس کی بڑی وجہ یہ ہو سکتی ہے کہ آزادی کے مہینے میں پیدائش ہوئی تھی اور ہم آزادی رائے کے حق کو خوب استعمال کرنے لگے ہیں۔میں جب چھوٹا تھا تو ''ابو جی'' پورے طرح سے منہ سے نہیں ادا ہوا۔

''اجی'' ایک بار کیا ادا ہوا پھر میں نے اپنے ابا جان کو''اجی'' ہی کہا۔مجھے میری والدہ نے کتنی بار کہا کہ ایسا مت کہا کرو،اب تو تم بڑے ہو گئے ہو،مگر وہ کیا کہتے ہیں ناں کہ ''چھٹتی نہیں کافر یہ منہ سے لگی ہوئی۔''

بس ہم نے جب سے یہ بولنا شروع کیا تو ماسوائے اُن خاص لمحوں میں جب وہ کسی کے ساتھ ہوتے تھے ،یہی پکارا تھا۔

یہ 23 جنوری 2014 کا واقعہ ہے۔

جب والد صاحب کا انتقال ہوا۔

میں نے دفتر سے چھٹی لی ہوئی تھی۔

اُن کو گھر میں چھوڑ کر اپنے ایک عزیز کے ہاں گئے۔ وہاں جا کر خوب اپنے ابا جان کی یادیں تازہ کیں، مگر کیا معلوم تھا کہ اُن ہی لمحات میں وہ اس فانی دنیا سے رخصت ہو رہے ہیں۔

''دل سے دل کو راہ ہوتی ہے۔''

قابل احترام نوشاد عادل نے جس شام ہم سے عرض کی تھی کہ ہم اپنے حالات زندگی لکھیں یعنی اپنی آپ بیتی ماہنامہ انوکھی کہانیاں، کراچی کے لیے دیں۔ اُسی روز اپنے دفتر کی گاڑی پر سوار ہوتے ہوئے یہی سوچ رہے تھے کہ ہم کب اپنی زندگی پر لکھیں گے۔ نوشاد عادل بھائی نے خود نوشت لکھنے کے لیے اپنے مخصوص انداز میں بات کہی تو ہم نے فوری طور پر ہامی بھر لی تھی کہ دل سے نکلی بات نے اُن کے دل پر دستک دی تھی۔ ہمارے دل پر جو دستک بجی تھی، وہ ایسے ہی نہیں تھی۔ جب ہم عزیز کے گھر سے واپس آئے تو ابا جی دنیا سے رخصت ہو چکے تھے۔

ہم بڑے بیٹے ہونے کے ناطے اب آخری آرام گاہ تک پہنچانے کے ذمہ دار تھے۔ لیکن مسئلہ یہ تھا کہ اب تدفین کدھر کی جائے گی؟

آپ حیران ہو رہے ہوں گے کہ ہمارے ذہن میں ایسی بات کیوں آئی؟

دراصل ہم بسلسلہ ملازمت اسلام آباد میں تھے اور مسئلہ یہ درپیش تھا کہ والدہ اور بھائی بہن تو رحیم یار خان میں تھے۔ ہمارے لیے یہ آسان تھا کہ ہم فوری طور پر ایمبولینس کرائے پر لیتے اور روانہ ہو جاتے، ہم نے ایسا کرنے کا سوچ لیا تھا۔ میں نے اس بات کی اطلاع اپنی والدہ اور دیگر بہن بھائیوں کو کر دی تھی۔

ابھی روانہ نہیں ہوئے تھے کہ ہم تک یہ اطلاع پہنچی کہ گاؤں میں کیسے تدفین کریں؟

''وہاں تو قبرستان میں جگہ نہیں ہے۔''

ہم آج تک اس بات کے صدمے سے باہر نہیں نکل سکے ہیں۔ جیتے جی انسان کے ساتھ سب کر لیا جائے تو وہ قابل معافی ہو سکتا ہے۔ لیکن ایک ایسا شخص جو کہ دنیا سے جا چکا ہو، اگر کوئی اُس کے ساتھ یہ

کرے گا تو پھر تو آپ اگر بیٹے ہیں، آپ نے تو دنیا کو آگ لگا دینی ہے۔

راقم السطور نے عرض کی تھی کہ وہ جہاں تک ممکن ہو سکے گا وہ اپنی روداد میں سچائی کا عنصر اتنی مقدار میں رکھے گا کہ سب کو لفظوں سے ہی محسوس ہو جائے گا کہ یہ آگ کہاں سے نکل رہی ہے۔ ہر بات من وعن لکھی نہیں جاتی ہے کہ ماضی کی ہر بات لفظ بہ لفظ یات یاد نہیں رہ سکتی ہے مگر کچھ زندگی کے واقعات بھی افسانے لگتے ہیں لیکن سچ اپنا آپ بتاتا ہے کہ وہ سچ ہے۔

☆☆☆☆☆

کہا جاتا ہے کہ جہاں کا خمیر اُٹھتا ہے وہیں انسان دفن ہوتا ہے تو پھر کچھ ایسا ہی ہوا۔

ہم نے اپنے والد صاحب کو بڑے احترام کے ساتھ بہاول پور شہر میں عین وہاں کے لاری اڈے کے پاس اور چڑیا گھر سے چند گز کے فاصلے پر موجود قبرستان میں سپرد خاک کر دیا۔

پہلے پہل تو مجھے اس بات پر سخت رنج ہوا کہ ہمارے ساتھ غلط ہوا ہے لیکن بعد ازاں یہ بات سمجھ آ گئی کہ کہیں اور ابا جی کی تدفین ہو جاتی تو ہمیں خاص طور پر قبرستان جا کر دعا کرنی پڑتی لیکن لاری اڈے کے پاس ہونے کی وجہ سے جب بھی بہاول پور جانا ہوتا ہے، پہلے دعا ہوتی ہے پھر کوئی اور کام ہوتا ہے۔

رب کائنات کی مرضی پر باتیں بنانے والے ذرا غور فرمائیں کہ کیا کہا ہے۔

وہ شہر جس نے والد صاحب کو پہلے تعلیم دی، پھر وکالت میں شہرت دی، اُس نے پھر آخری آرام گاہ کے طور پر جگہ بھی دی۔ یہی وہ شہر تھا جس میں والد صاحب نے ''تحریک امن وخوشحالی'' کے نام سے ایک پارٹی بنائی تھی جس کے وہ تا حیات چیئر مین تھے۔ اگر چہ ملکی حالات اور لوگوں کے رویے پہلے بھی آج کے جیسے تھے تو وہ کم ہی لوگوں کے لیے خوشحالی لا سکے مگر اُن کو روایتی سیاست نے ایک اچھے مقصد سے دور کر دیا تھا۔ لیکن اس کی بڑی وجہ یہ تھی کہ وہ آج کے زمانے کے نہیں تھے، وہ شریف النفس انسان تھے یہی شرافت اُن کو عزت تو دے گئی مگر مکان نہ دے سکی اور نہ ہی وہ وکالت جیسے شعبے میں رہ کر ''اندھی دولت'' کما سکے۔ انھوں نے بچوں کو وہ دے دیا تھا جس کے بل بوتے پر وہ کچھ کرنے کے قابل ہو چکے تھے۔ بچوں کے پاس تعلیم اور خود اعتمادی آ چکی تھی جوان کو کامیاب کرنے کے لیے بہت تھی۔

اب وکالت میں مفت میں کہاں کوئی مقدمات لڑتا ہے،مگر جو ایسا کرتے ہیں، اُن کے بچے پھر بھی بھوکے نہیں سوتے ہیں، یہ بات یاد رکھیں۔

انھوں نے ایک قصہ کئی بار سنایا کہ کوئی بریف کیس ڈالرز سے بھر کر لایا اور کہا کہ رقم لو اور خاموش ہو جاؤ بصورت دیگر ہم جانتے ہیں کہ بچے کہاں پڑھتے ہیں؟

بس پھر وہ تحریک امن وخوشحالی اپنی موت آپ مرگئی۔

یہ کیوں ہوا؟

اس میں کتنی وسچائی ہے؟

آپ سمجھ لیجیے ہم نے وہ کہا جو ہم نے سنا۔

میرے پاس اچھی تعلیم آچکی تھی، اگرچہ یہ نامساعد حالات کی وجہ سے تعطل کا شکار رہی ہے مگر سلسلہ جڑتا رہا اور ہم پڑھتے رہے۔

چھوٹے بھائی شاہ نواز نے اباجان کی طرف سے کی جانے والی نیکیوں کے صلے میں ''سرکاری نوکری'' بنا سفارش اور رشوت کے حاصل کرلی تھی اور بعدازاں وکالت کر کے اباجی کے نقش قدم پر چل پڑا۔

آج کے دور میں سب کی خواہش ہے کہ سرکاری نوکری مل جائے، اب سب کو کہاں سرکار نوکری دے سکتی ہے۔کاش! لوگ یہ بات سمجھ جائیں کہ نوکری، سرکاری ہو یا نجی ادارے کی یہ غلامی میں رکھتی ہے اور ہم مزے کی بات ہے کہ غلام رہنا چاہتے ہیں۔

مجھے یاد ہے کہ جب ہم نوکری کے لیے بطور اُمیدوار گئے تھے تو پانچ چھے سو کے لگ بھگ لوگ جمع تھے۔اب یہ خدا کی کرنی تھی کہ ہماری ٹائپنگ عمدہ تھی اور معلومات عامہ بھی رکھتے تھے تو ہم نے قابلیت کا امتحان پاس کرلیا تھا۔جب فہرست لگی تو ہمارا نام پہلے پانچ اُمیدواروں میں تھا۔مجھے وہاں دیکھ کر تب بھی اور آج بھی یہی احساس ہوتا ہے کہ ہم اچھی نوکری کرنا چاہتے ہیں، مگر کیا ہم اپنی اتنی قابلیت رکھتے ہیں کہ ''اچھی نوکری'' مل سکے۔

بہرحال، بعدازاں ہم نے انٹرویو پاس کرلیا تھا۔

جب ہمیں بھرتی کی اطلاع ملی تھی تو وہ جمعے کا دن تھا۔

اُس دن ہم اپنے خالو سید الطاف حسین شاہ صاحب کے گھر پر موجود تھے۔ اپنی زندگی کی بہت سے حقیقتوں کا علم اپنے خالو کی وجہ سے ہوا ہے۔ انھوں نے اپنے بچوں سے بڑھ کر ہمارے لیے جذبات اور محبت رکھی ہے۔ یہی وجہ ہے کہ کہروڑ پکا ہمیں آج تک اپنا ''میکہ'' ہی لگتا ہے۔ جس دن مجھے منتخب ہونے کی اطلاع ملی تھی، میں نے فوری طور پر روانگی اختیار کی اور حاضری لگا کر نوکری کا آغاز کیا۔ آج تک اپنے کام سے کام رکھا ہے اور یہی وجہ ہے کہ مسائل کم ہوئے ہیں لیکن سچ جب بولا ہے تو سمجھ آ گئی ہے کہ سچائی آسانی سے ہضم نہیں ہوتی ہے۔

یہاں ایک بات اور کہوں گا کہ ایک بار مجھ سے کسی نے رقم لی کہ وہ میری ملازمت کروا دے گا لیکن ایسا نہ ہو سکا۔ اگر آپ میں قابلیت ہے تو آپ خود کہیں بھی نوکری حاصل کر سکتے ہیں۔ اس کے لیے کسی دفتر روزگار جانے کی ضرورت نہیں ہے بلکہ جو روزگار دفاتر ہیں ان کو تو مفت میں نوکریاں دلوانی چاہیں جن کو ملازم درکار ہوں ان سے اپنی خدمات کے عوض معاوضہ وصول کرنا چاہیے۔

اس بھیانک تجربے کے بعد پھر کبھی میں نے کسی دفتر روزگار سے رابطہ نہیں کیا اور نہ ایسی جگہ انٹرویوز کے لیے گیا جن کے مسلسل اشتہارات اخبارات میں شائع ہوتے رہتے تھے کہ ایسے دفاتر میں کچھ ایسا تو ہوتا ہوگا کہ ملازمین چھوڑ کر جا رہے ہیں تب ہی تو وہ متواتر اشتہارات دیتے ہیں۔

یہ تو ناقابل یقین بات ہے کہ وہاں سب اچھا ہوگا۔

میرے خیال میں نوجوانوں کو ملازمت وہاں کرنی چاہے جہاں کا ماحول اور لوگوں کے رویے بہترین محسوس ہوں۔ میرا نہیں خیال کہ یہ سب کوئی آسانی سے نہ پہچان سکے، کوئی بھی یہ سب اپنی کھلی آنکھوں دیکھ کر جان سکتے ہیں۔

☆☆☆☆☆

''آپ کا کام ہو جائے گا مگر اس کے لیے دس ہزار روپے دینے ہوں گے۔''

پٹواری ریاض نے مجھ سے کہا۔

''رشوت دینے اور لینے والا جہنمی ہے۔''

میں نے اُس کی بات سنتے ہی کہا۔

''بھئی! آپ نے کام کروانا ہے تو پیسے دو، وگرنہ یوں ہی خوار ہو نگے۔''

پٹواری ریاض نے میری بات کے جواب میں کہا۔ اُس کی بات سن کر میں اور زیادہ تپ گیا کہ واقعی چار سال ہو گئے تھے لیکن اُس نے بنا رشوت کے میرا کام کرنے سے انکار ہی کیا تھا۔

جب ابا جی کی تدفین کے وقت مجھے یہ سننا پڑا کہ'' گاؤں میں جگہ نہیں ہے۔''

میں نے سوچ لیا تھا کہ جب ایک شخص کو تدفین کے لیے دو گز زمین نہیں دی جا سکتی ہے تو پھر میں کیوں ان کا شرعی و قانونی حصہ نہ لوں۔ ابا جان کو دادی مرحومہ کی جانب سے زرعی رقبہ ملنا تھا تو میں نے اُس کے لیے اُسی دن یعنی 23 جنوری 2014 کو سوچ لیا تھا کہ اب وہ حق لینا ہے۔

میں نے اپنے بچپن میں کئی بار دادی جان سے ملنے والے حصے کے حوالے سے بحث سنی تھی۔

آج بھی یاد ہے کہ جب میں نے اپنی دادی اماں زہرہ بی بی سے پوچھا تھا کہ آپ کیا اپنی جائیداد میں ابو جان کو حصہ دیں گے تو تب انھوں نے کہا تھا کہ وہ ایسا ضرور کریں گی۔

انھوں نے کئی بار ابو جی سے کہا تھا کہ آپ رقم لے کر مکان لے لیں لیکن انھوں نے اپنی خودداری کی وجہ سے ایسا کرنے سے گریز کیے رکھا۔

ابو جی نے تو ایک بار محض دس ہزار روپے کم ہونے کی وجہ سے نانی اماں کے گھر کے سامنے والا مکان بھی نہیں خریدا تھا۔ جب ہم نے ہوش سنبھالا تو یہ بات سننے کو ملی تو ہم نے کہا تھا کہ آپ ادھار لے کر یہ مکان خرید سکتے تھے تاہم انھوں نے ایسا کرنا مناسب نہیں سمجھا تھا۔

بہر حال، میں نے ماموں نصر اللہ سے رابطہ کر کے اطلاع دے دی تھی کہ میں تدفین کے لیے آ رہا ہوں تو آپ بہاولپور میں بندوبست کر لیں۔ اُس دن جب ابو کی وفات ہوئی تھی، تب سے لے کر اگلی رات تک میں سو نہیں سکا تھا کہ دماغ میں بہت کچھ چل رہا تھا۔ اگرچہ والد صاحب کی خواہش تھی کہ زرعی رقبہ ملے مگر جیسا کہ اسی داستان میں بتا چکا ہوں کہ انھوں نے شرافت دکھائی تھی کہ سب سے لڑائی جھگڑا نہ

کرنے کا سوچ رکھا تھا۔اسی وجہ سے وہ سب افراد جو اس پر قابض تھے، وہ باتوں باتوں میں اس جانب کچھ کرنے سے باز رکھتے تھے۔

میں چھٹی لے کر پٹواری کے دفتر آتا تھا مگر پٹواری ریاض اول تو ملتا نہیں تھا۔ جب بھی ملتا تھا کسی نہ کسی بہانے اور قانونی نقطے پر لاجواب کر کے واپس جانے پر مجبور کرتا تھا۔ کئی بار تو اُس نے کہا تھا کہ ’’آپ مل بیٹھ کر معاملہ طے کر لو۔‘‘

اُس کی خواہش تھی کہ جو لوگ قابض ہیں، وہی اُس پر قبضہ قائم رکھیں۔

اُس نے ایک بار یہ کہا تھا کہ ’’آپ قابض افراد سے براہ راست بات کریں۔‘‘

میں نے انکار کر دیا کہ میں قانون پسند شخص کا بیٹا تھا جس نے ساری عمر دوسروں کو انصاف دلوایا تھا اور حق کی جنگ لڑی تھی۔

میں کس طرح سے خلاف قانون عمل کی جانب مائل ہو سکتا تھا۔

ہمارے ملک میں رشوت کا عنصر بہت زیادہ عام ہو چکا ہے۔ یہ زرعی رقبہ لینے سے قبل موضع بھپلہ کچہ میں زرعی رقبے کے حصول کے لیے بھی ایک جنگ لڑنی پڑی تھی۔ میں نے یہ تہیہ کر لیا تھا کہ رشوت نہیں دینی ہے۔ میں نے اُس وقت بھی ایک قانونی راستہ اختیار کیا تھا۔

یہ سب اس داستان میں بتانے کا ایک خاص مقصد ہے کہ جب آپ حق پر ہوتے ہو تو آپ کو ڈرنے کی ضرورت نہیں ہے۔آپ کو ایک مجمع لے کر انصاف لینے کی کوشش نہیں کرنی چاہیے، اگر آپ خود کچھ کر سکتے ہیں تو بنا سفارش اور قانون کے سہارے پر حاصل کر سکتے ہیں۔ جب آپ قانون کو اچھی طرح سے پڑھ اور سمجھ لیتے ہیں تو پھر آپ کے لیے کچھ کرنا بہت آسان ہو جاتا ہے۔اس حوالے سے آپ واقعہ کربلا کو ذہن میں لائیں تو آپ کے لیے بہت کچھ حق کی جنگ لڑنے کے لیے آسان تر ہو جائے گا۔

ادب اطفال میں اس موضوع پر بہت کم لکھا گیا ہے میرے خیال میں اس پر کسی تنازعے میں پڑے بغیر حق و باطل کی جنگ لڑنے کے حوالے سے کہانیاں بچوں کی بہترین تربیت کر سکتی ہیں۔ ہمارے ہاں مخصوص موضوعات پر زیادہ کہانیاں لکھی جا رہی ہیں ہمیں ہر موضوع کو ادب اطفال میں ایسے لانا چاہیے

کہ نونہالوں کو بہت کچھ سمجھنے کا موقع ملے تاہم وقت سے پہلے کچھ باتیں ان کے لیے نامناسب ہو سکتی ہیں ان سے گریز کیا جانا چاہیے۔

کہا جاتا ہے کہ زن، زر اور زمین کے جھگڑے مسائل کھڑے کرتے ہیں تو یہ بات سچ ہے کہ اس کی وجہ سے مجھے بہت کچھ سیکھنے کو ملا تھا۔ بھپلہ کچہ میں زرعی رقبے کے حصول کے لیے پہلے پہل تو ڈپٹی کمشنر صاحب کو درخواست دی مگر جب بات نہیں بنی تو مجھے پھر وفاقی محتسب سے رجوع کرنا پڑا۔

پاکستان میں محتسب کے ادارے کے حوالے سے معلومات لوگوں کے پاس نہیں ہیں، یہ غریب بے بس افراد کو حق دلوانے میں اہم ترین کردار ادا کر رہا ہے۔

میری خواہش ہے کہ اس کا دائرہ اختیار بڑھا دیا جائے تو پاکستان میں انصاف کی فراہمی یورپ جیسی ہو سکتی ہے۔ اس میں محض ایک درخواست بمعہ ثبوت دینی پڑتی ہے، وکیل کی ضرورت بھی نہیں پڑتی ہے اور کام ہو جاتا ہے۔

ہمارے ہاں کہا جاتا ہے کہ سرکاری ادارے کام نہیں کرتے ہیں مگر میں خوش نصیب تھا جس کے کام فوری طور پر ہوئے۔

ایک نائب تحصیل دار اُس کا نام زاہد سپرا فرض کرلیں، تنگ کر رکھا تھا، اُس نے رشوت چالیس ہزار مانگی تھی، یہ مانگنے کا انداز بھی نرالہ تھا۔ خیر جانے دیجیے یہ نہیں بتاتے کہ اُس نے کیا کہ کر یہ خواہش ظاہر کی تھی۔ جب اُس نے پہلی بار ایک تعلیم یافتہ شخص سے رشوت مانگی، اُس کو محتسب کے ادارے نے ہمارے کام کو کرنے کو کہا، تو اُس کا منہ بن گیا۔ اُس نے بڑی کوشش کی تھی کہ رشوت کے بغیر کام نہ ہو، اُس کی حسرت دل میں رہ گئی مگر اُس نے مجبور کر دیا تھا کہ چند مرلے زمین چھوڑ کر باقی سب اپنے اور دیگر بہن بھائیوں کے نام کروالوں۔

اُس نے کہا تھا کہ اگر آج یہ کام نہ ہوا تو اگلے چھے ماہ تک بھی نہیں ہوگا۔

مرتا کیا نہ کرتا کے مصداق سب کچھ کر لیا تو پھر اُس کی ضد رشوت پر آ کر رک گئی تھی۔

میں نے جان لیا تھا کہ اس تحصیل دار نے کچھ کرنا ہے۔ میں نے تھوڑا نقصان برداشت کرنا سہ لیا۔ میں

نے بھی تہیہ کرلیا تھا کہ جو بھی ہو جائے، لیکن رشوت نہیں دینی ہے۔ کیوں حلال کمائی کو رشوت کے طور پر دے کر خود کو گناہ گار کرتا۔ لیکن یہ رشوت نہیں تھی یہ تو کھلے عام بدمعاشی تھی کہ کچھ دو، وگرنہ کام نہیں ہوگا۔ لیکن بات یہ تھی کہ میں بھی مجبور تھا کہ جب محتسب کا ادارہ کچھ کام کروا رہا ہے تو جو مل رہا ہے، اُس کو حاصل کرلوں اور باقی جو ہوگا، بعد میں دیکھا جائے گا۔

میرے بروقت فیصلے نے زرعی زمین ہم لوگوں کے نام کروادی تھی، یہ بغیر رشوت بڑی کامیابی تھی۔

☆☆☆☆☆

''صاحب مصروف ہیں۔ آپ نہیں مل سکتے ہیں۔'' رفیق نے کہا۔

''دیکھو بہت ضروری کام ہے۔ آپ ملوادیں۔'' میں نے التجا کرتے ہوئے کہا۔

''جب ایک بار کہہ دیا ہے تو آپ کیوں ضد کر رہے ہیں۔''

اسسٹنٹ کمشنر کے کمرے کے باہر موجود نائب قاصد نے تنگ آ کر مجھ سے کہا۔

میں کئی دنوں سے کوشش کر رہا تھا کہ اسسٹنٹ کمشنر صاحب سے ملاقات کرسکوں۔ لیکن اُن کا عملہ مجھے ملنے ہی نہیں دے رہا تھا۔ ایک مسکین صورت دیہاتی جس کا نام احمد تھا۔ اُس نے مجھے نائب قاصد سے الجھتے ہوئے دیکھ لیا۔ میری پریشانی کو بھانپ کر میرے پاس آ کر کہا۔

''بھائی صاحب! ایک بات کہوں، اگر بُرا نہ لگے۔''

''آپ بھی کہہ دو کچھ، اب بس آپ ہی رہ گئے ہو۔'' میں نے شکوہ کرتے ہوئے کہا۔

''ارے بھائی! یہاں تو کب سے ایسا ہی ہو رہا ہے۔ آپ لگتا ہے پہلی بار یہاں آئے ہو۔ یہاں تو اسسٹنٹ کمشنر کو درخواست پہنچانے پر بھی نذرانہ دینا پڑتا ہے۔ اگر آپ دُور سے ملاقات کرنے کے لیے آئے ہو، کچھ دے دلا کر کام کروالو۔'' احمد نامی دیہاتی شخص نے کہا۔

''میں ایسا کیوں کروں۔ میرے پاس حرام کی کمائی نہیں ہے بھائی!''

میں نے ایک بار پھر تپ کر کہا۔

''ارے! کس دنیا سے آئے ہو، مجھے بھی دو سو روپے محض درخواست اسسٹنٹ کمشنر صاحب کی میز تک

پہنچانے کے لیے ادا کرنے پڑے ہیں۔اب میں روز کہاں شہباز پور غربی گاؤں سے یہاں تک آ سکتا ہوں۔'' احمد نے پریشانی کے عالم میں کہا۔

اُس کی بات نے میرے چودہ طبق روشن کر دیئے۔

میں نے سوچ لیا تھا کہ اب مجھے وہ نہیں کرنا ہے جو کہ یہاں کا دستور بن چکا ہے۔

میں نے خود اپنی آنکھوں سے اُسے کچھ دیر پہلے ہی پیسے دیتے ہوئے دیکھا تھا۔جوں ہی اسسٹنٹ کمشنر صاحب آئے۔میں فوراً سے اُن کے پیچھے دفتر میں گھستا چلا گیا۔اُن کے تمام اہلکار مجھے حیرت سے دیکھ رہے تھے۔اُن کے چہروں پر ناگواری محسوس ہو رہی تھی مگر میں نے آج لحاظ نہ رکھنے کا سوچ لیا تھا۔میں وہاں مہمانوں کے لیے رکھی گئی کرسیوں پر جا کر بیٹھ گیا۔ایک کے بعد ایک سائل آ رہا تھا اور کچھ دیر میں اسسٹنٹ کمشنر صاحب کی کھلی کچہری شروع ہو چکی تھی۔

سب کے مسئلے حل کرائے جا رہے تھے۔

میں دیکھ رہا تھا کہ اسسٹنٹ کمشنر صاحب میرٹ پر سب کے کام کرانے کی ہدایات جاری کرر ہے تھے۔

''جی! آپ کا کیا مسئلہ ہے؟'' اسسٹنٹ کمشنر نے میری جانب دیکھتے ہوئے کہا۔

میں نے اپنا تعارف کراتے ہوئے عرض کی:

''میں 2014 سے دربدر کی ٹھوکریں کھا رہا ہوں۔میرا ایک مسئلہ چھوٹا سا ہے مگر پٹواری بے جا تنگ کر رہا ہے۔شجرہ نسب بنانے اور انتقال وراثت کرانے میں تاخیری حربے سے کام لے رہا ہے۔اب تو دادی اماں کو گزرے بھی بیس سال سے زائد کا عرصہ ہو گیا ہے لیکن ابھی تک وارثان کے نام زرعی رقبہ نہیں ہوا ہے۔کافی عرصہ سے ہم لوگ پریشان ہیں مگر کوئی بھی اس حوالے سے کارروائی کرنے کو تیار نہیں ہے۔''

اسسٹنٹ کمشنر نے پٹواری ریاض کو بلوایا مگر وہ کہیں کام میں مصروف تھا۔اُسے حکم دے دیا گیا تھا کہ میرا مطلوبہ کام کرے۔

اُس نے میرا کام کرنے کی ہامی بھر لی۔

میں بہت خوش تھا کہ میرا کام ہونے لگا ہے۔

آپ کو حیرت انگیز بات بتا تا چلوں کہ جس دن میں ان سے ملا تھا۔ اُن کی اس علاقے میں تعیناتی کا اولین دن تھا۔ میں اس بات پر یقین رکھتا ہوں کہ جو قابل افسران میرٹ پر بھرتی ہوتے ہیں وہ سفارش سے زیادہ میرٹ پر کام کرتے ہیں۔ وہ غالباً چینوٹ سے ٹرانسفر ہو کر آئے تھے اور یہ بات میں نے اخبار میں پڑھی تھی کہ ان کا تبادلہ ہوا ہے۔

پٹواری ریاض کے لیے اسسٹنٹ کمشنر کا کہا حکم کا درجہ رکھتا تھا۔ اُس نے تحصیل دار کو میرے حوالے سے بتایا ہوگا کہ میں رشوت کے بنا کام کروانا چاہتا ہوں۔ یہ وہی تحصیل دار تھا جس نے محتسب کو دی جانے والے درخواست پر میرا کام کیا تھا لیکن تھوڑی سی زمین لگ بھگ ساڑھے تین مرلے نام نہیں ہونے دی تھی۔ پٹواری ریاض نے شجرہ نسب بنا کر کہا کہ اب گاؤں کے نمبردار سے خود تصدیق کروالو مگر میرے لیے مسئلہ یہ تھا کہ میں گاؤں چلا جاتا تو پھر میری ''ننھی جان'' خطرات کا شکار ہوسکتی تھی۔ یہ تو نہیں کہ سکتا تھا کہ ''اوکھلی میں سر دیا، تو موسلوں سے کیا ڈرنا۔''

پانچ ایکڑ زمین کے حصول کے لیے ''خون'' نہ سہی رشوت تو دیتا مگر میں تو کچھ بھی دینے کو تیار نہیں تھا۔ کسی اور رشتے دار نے بھی میری مدد کرنے میں اپنا کردار ادا نہیں کیا تھا۔ مجھے ڈرانے کے لیے دھمکی آمیز باتیں تو پہنچائی جارہی تھیں۔ اپنی مدد آپ کے تحت کامیابی کے لیے بہت کچھ سہنا پڑتا ہے۔

جان سب کو پیاری ہوتی ہے۔

میں اکثر سردیوں میں جب بھی گیا تھا، وہاں منہ مفلر سے چھپالیتا تھا تا کہ مخالفین کی نظر نہ پڑے اور ہم تنہا ''ٹارزن'' کہیں تشدد کا شکار نہ ہو جائیں۔ گرمیوں میں تو اپنے وکیل کے کمرے میں بڑے ''پہلوان'' کی مانند بیٹھا کرتے تھے۔ بہر حال، جو کام سرکاری ملازم کا تھا وہ بھلا مجھ سا عام آدمی خود کیوں کرنے جاتا۔

میں نے انہی دنوں میں اخبار میں ایک خبر پڑھی اور اپنا ایک اور ارادہ بنالیا۔

☆☆☆☆☆

یہ 24 اکتوبر 2017 کی بات ہے۔
مجھے اسلام آباد کی ایک مارکیٹ سے ایزی لوڈ کرانا پڑا، چوں کہ کہیں رابطے کے لیے ضروری فون کال کرنی تھی۔ اسی وجہ سے وہاں سے کرالیا، مگر جب گھر پہنچا تو معلوم ہوا کہ وہ وصول نہیں ہوا۔ اگلے روز وہ دکاندار اس بات سے ہی انکاری تھا کہ میں نے وہاں سے ایزی لوڈ کرایا ہے۔
بہرحال، کافی بحث ومباحثہ کے بعد اُس کا نمبر لے کر متعلقہ کمپنی کو بمعہ پی ٹی اے (Pakistan Telecommunication Authority) شکایت کر دی گئی مگر کوئی شنوائی نہ ہوئی اور میرا انتظار دنوں کی بجائے ہفتے پر محیط ہوگیا۔ انتظار طویل ہوگیا تو دوسری بار بھی شکایت ای میل کر دی گئی۔ دوبارہ سے شکایت پر ایک مرتبہ پھر متعلقہ کمپنی کے نمایندے نے مزید تفصیلات معلوم کیں اور پھر بعدازاں دس روز کی الجھن کے بعد بالآخر کمپنی نمایندے نے خوش خبری سنائی کہ آپ اُس دکاندار کے پاس رابطہ کر کے رقم واپس لے سکتے ہیں یا پھر ایزی لوڈ کروا سکتے ہیں۔
میں جب اُس کے پاس گیا تو اُس نے خاموشی سے ایزی لوڈ کر دیا۔ اُس وقت میں نے بس ایک ہی بات کہی تھی کہ اگر میں غلط ہوتا تو اتنی کوشش معمولی سی رقم کے لیے نہ کرتا اور خاموش رہنا تھا۔
یہاں بات سمجھانے کی یہ ہے کہ حق لینے کے لیے آپ کو تمام تر کوششیں کرنی پڑتی ہیں، محنت کرنی پڑتی ہے، انتظار بھی برداشت کرنا پڑتا ہے بلکہ اسی طرح سے کامیابی کے حصول کے لیے آپ کو کرنا پڑتا ہے۔ یہاں بات دوسو کی ہو یا دو ہزار کی یا دو ہزار کروڑ کی بدعنوانی کی ہو، جہاں سے بُرائی شروع ہو رہی ہو اُسے جڑ سے ختم کرنے کی ضرورت ہوتی ہے تاکہ وہ بعدازاں پنپ نہ سکے۔ یہاں بات دوسو روپے کی بدعنوانی کی نہیں ہے بات انصاف کی ہے ہم کیوں کسی کے حق حلال کی کمائی پر ڈاکہ ڈالیں۔
ہم کسی بھی بُرائی کو چھوٹا نہ سمجھیں بلکہ نچلی سطح پر ہی روکنے کی کوشش کریں۔ میری کوشش سے دوسو روپے تو مل گئے مگر کئی لوگ ایسے ہیں جو سو یا پانچ سو روپے کی جنگ اس لیے نہیں لڑتے ہیں کہ وہ سمجھتے ہیں کہ چھوٹی سی چیز کے لیے کیا لڑنا، تب ہی مسائل زیادہ ہوتے ہیں۔
آپ بتائیں کہ اگر آپ کسی دوسرے شہر کے بس اڈے پر موجود شخص سے ایزی لوڈ کروائیں اور وہ آپ

تک نہ آ سکے تو پھر آپ واپس آ کر اُس سے حساب چکتا کرنے کی کوشش کریں گے؟

☆☆☆☆☆

ایک دن میں نے تمام ثبوتوں کو اکھٹا کیا اور پھر وزیر اعظم صاحب کی جانب سے شکایات کے ازالے کے لیے آن لائن ایپ Pakistan Citizen Portal پر درخواست دے دی۔ میرا بہت سا قیمتی وقت برباد کیا جا چکا تھا جو کہ محض پٹواری، تحصیل دار اور دیگر عملے نے رشوت نہ ملنے پر کیا تھا۔

''انصاف کے حصول کے لیے لوگ دربدر کی ٹھوکریں کھاتے ہیں اور عدالتوں میں سالوں چکر لگاتے بوڑھے ہو جاتے ہیں۔''

چھوٹے بھائی شعیب حسن نے ایک بار مجھ سے کہا تھا۔

مجھے یہ بات سمجھ نہیں آئی تھی کہ رشوت کے بنا کام کروانا کتنا دشوار ہو سکتا ہے۔ اسی بات کو دیکھتے ہوئے مجھے ایک کلرک نے کہا تھا:

''بھئی صاحب! درخواست پر درخواست دیتے رہو، کچھ تب ہی ہوگا جب ہم چاہیں گے۔ ہم آپ کی درخواست صاحب تک پہنچنے دیں گے تو ہی کچھ ہوگا۔''

اس بات کو سن کر اُس دن اسسٹنٹ کمشنر صاحب سے ملاقات کی تھی۔ وہاں کے حالات تب تک جوں کے توں تھے۔ ایک ایسا شخص جو رشوت نہیں دینا چاہتا تھا اُس کے لیے حالات اُس جانب لے کر جانے کی کوشش ہو رہی تھی کہ وہ از خود پیسے دے کر اپنا جائز کام کروائے۔

میں نے بھی تہیہ کر لیا تھا کہ بارش کا پہلا قطرہ بننا تھا تاکہ کہیں سے تو تبدیلی کا آغاز ہو سکے۔ اسی حوالے سے ایک بیوہ اور اُس کی بیٹی کو بارہ سالوں سے رکی پنشن اور واجبات ادا کروائے تھے۔ یہ بھی رشوت نہ دینے کے جرم میں بارہ سالوں سے ''خوار'' کیے جا رہے تھے۔ اُن کو بنا رشوت کام کروا کے دیا۔ چند ناگریز وجوہات کی بناء پر اُن کی مکمل روداد لکھنے سے قاصر ہوں لیکن یہ سن لیجیے پھر اسی لڑکی کو اسی کے والد کے محکمے میں نوکری بھی کروا دی تھی۔ یہ قوانین میں ہے کہ دورانِ ملازمت کوئی اہلکار فوت ہو جائے تو پھر اس کے بچوں میں سے کوئی قابلیت کے مطابق بھرتی ہو سکتا ہے۔

جن کو ہم سے مسئلے ہونگے ہم ان کی نہیں سنیں گے بلکہ اپنا کام قانون کے تحت کروائیں گے۔ یہ ہم سے پنگا لینے والوں کو دیکھنا چاہیے کہ وہ جوابی وار کتنا برداشت کر سکتے ہیں۔

☆☆☆☆☆

پٹواری ریاض کے خلاف میں نے انسداد بدعنوانی کے ادارے میں درخواست دی تھی۔ وہاں پر کچھ ایسی صورتحال ہوئی کہ کام بھی نہیں ہوا اور وہ صاحب صاف بچ نکلے۔

میں نے کمشنر سے ڈپٹی کمشنر اور اسسٹنٹ کمشنر تک سب کو انصاف کی دہائی دی۔

تحصیل دار زاہد سپرا اور ریاض پٹواری کے خلاف وزیر اعظم کی جاری کردہ آن لائن ایپ پر شکایات کی تھی، دن پر دن گزرتے جا رہے تھے کچھ اطلاع نہیں مل پا رہی تھی کہ اب کیا ہوگا۔ آئے روز بدعنوانی کے خاتمے کے حوالے سے سرگرم ادارے کی جانب سے تشہیر ہو رہی تھی کہ آپ جرائم کے خاتمے کے لیے تعاون کریں مگر مثبت اثرات نظر نہیں آرہے تھے۔

پٹواری ریاض اور تحصیل دار زاہد سپرا نے میرے خلاف دستاویزات اور معلومات مخالف زمیندار واجد شاہ کو دے چکے تھے تاکہ میں جس زمین کے حصول کی جنگ لڑنے کی خواہش رکھتا ہوں، اُس سے باز رہ سکوں۔ واجد شاہ سے رشتے داری تھی اسی وجہ سے اُس کے سامنے جانے سے گریزاں تھا کہ بات کہیں لڑائی جھگڑے تک نہ پہنچ جائے۔

میرے لیے مسائل ہی کھڑے ہو رہے تھے۔

مجھے اپنے گھر کی جانب سے بھی دباؤ کا شکار ہونا پڑا تھا کہ رشتے داری ہے، بیٹھ کر مسئلہ حل کرلو۔ میں نے کہا تھا کہ ''اگر پانچ ایکڑ کی جگہ اگر مجھے پانچ لاکھ روپے دے دیے جائیں تو میں خوش ہو جاؤں گا۔''

مگر بات یہ تھی کہ مجھے پانچ لاکھ روپے بھی ملنے کی اُمید نہیں تھی۔

دن پر دن گزر رہے تھے۔

پٹواری اور تحصیل دار نے محاذ بنالیا تھا کہ رشوت کے بنا میرا کام نہیں کرنا ہے۔

پٹواری ریاض اور تحصیل دار زاہد سپرا تیسرے فریق کو لا چکے تھے تاکہ مجھے حق لینے سے روکا جاسکے،

اُنھوں نے یا کسی طرح سے واجد شاہ نے ہماری درخواست کی نقول لے کر عدالت میں مقدمہ کا اندراج کروا دیا تھا تاکہ ہم اپنا حق نہ لے سکیں۔ یہ مقدمہ میرے والد مرحوم کی توہین تھی کہ اُنھیں وارث قرار نہ دیا جائے اسی وجہ سے جوابی کارروائی ضروری ہو گئی تھی۔

ایک روز جمعے کے دن اخبار پڑھ رہا تھا کہ ایک آیت کا ترجمہ پڑھ کر میرا حوصلہ پھر سے بڑھ گیا:

''اور انسان کو وہی کچھ ملتا ہے جس کی وہ کوشش کرتا ہے۔''

اس ایک جملے نے نئی طاقت بھر دی تھی اور میں سوچ چکا تھا کہ اب جان کی پروا کیے بنا حق کی جنگ لڑنا نہیں چھوڑنی ہے۔

☆☆☆☆☆

بس میں رات کا سفر کر رہا تھا، بس کا سفر مجھے بے حد پسند ہے کہ بہت کچھ کھلی آنکھوں سے دیکھنے اور سننے کا موقع ملتا ہے۔ بس میں مہمان نوازی کرتی ہوئی ''باجی'' کو لوگ کس طرح سے ستاتے ہیں، یہ بھلا ہم سے زیادہ کون جان سکتا ہے، بس چلانے والے کی تو آپ بات ہی چھوڑ دیں۔

ایک بات کہوں گا کہ گھر سے باہر نکلی خاتون کو لوگ ایسا گوشت سمجھتے ہیں جسے آنکھوں سے کھانا فرض عین ہو۔ بس میں سفر کرتے ہوئے وہ باتیں یاد آ گئی تھیں جو ایک عورت اپنے ساتھ بیٹھی بوڑھی اماں سے بیان کر رہی تھی۔ یہ تب کا قصہ ہے جب ہم بہاولپور سے رحیم یار خان کی جانب جا رہے تھے۔ ہم نے دوران سفر بہت کچھ مشاہدے سے سیکھا ہے اور سمجھا ہے۔

''اماں! میں کتنا برداشت کروں، میں تو بیٹی ہوں۔ ہر باپ کے لیے بیٹی بہت عزیز ہوتی ہے مگر میری اماں تو میرے ابا کی وفات کو ابھی چار دن بھی نہیں ہوئے ہیں اور اپنے بیٹوں کی باتوں میں آخر میرے خلاف ہو چکی ہیں۔ میری غلطی یہی ہے کہ میں سچ بولتی ہوں۔ اپنے حق کی بات کرتی ہوں کہ جب میرے باپ نے بیٹوں کے لیے اتنا کچھ چھوڑا ہے تو اُس وراثت میں کچھ میرا بھی تو حصہ ہے۔ اب وہ چاہتے ہیں کہ میں اپنے حصے کو بیٹوں پر وار دوں۔ میری جان بھی چلی جائے تو بھی میں نے حق کی بات کرنا نہیں چھوڑنی ہے۔ اماں ابھی عدت میں ہیں اور وہ اتنی مجھ پر ناراض ہیں، بعد میں کیا کچھ نہیں

کریں گے۔ میں کہاں جاؤں؟''

اُس نے روتے ہوئے اپنی بات کہی اور پھر ایک آہ بھر کر کہا:

''میرے تین بچے ہیں اور شوہر تو ایسا ہے جس نے میری زندگی کو مزید عذاب بنا دیا ہوا ہے۔ میں نے سوچ لیا ہے جو بھی ہوگا جان بھی جائے تو بھی حق لینے سے نہیں ڈروں گی۔''

''بیٹی ذکیہ! صبر کرو، صبر کا پھل میٹھا ہوتا ہے۔''

بوڑھی اماں نے دلاسہ دیتے ہوئے کہا۔

''جی اماں جی! صبر ہی کر کے تو جی رہی ہوں کہ ایک دن حق کی جنگ جیت لوں گی۔''

ذکیہ نے اماں کی بات سن کر کہا۔

وہ اپنے بس اسٹاپ پر اتر گئے تھے مگر اُس ذکیہ نامی عورت کی باتیں سن کر مجھے اچانک سے یاد آیا کہ حق لینے والوں کو ہی مشکلات کا سامنا کرنا پڑتا ہے۔ یہاں واضح کر دوں کہ دوسروں کی باتیں جب کان میں براہ راست پڑ رہی ہوں تو کان بند نہیں ہو سکتے ہیں، یہ اللہ تعالیٰ کی طرف سے میرے لیے کوئی اشارہ تھا۔ ہم اپنے ہمیشہ کان کھلے رکھتے ہیں جو ہمیں مسائل سے بچائے رکھتا ہے۔ اللہ کا کرم ہے دوسروں کے ساتھ اچھا کیا ہے تو ہم محفوظ رہ رہے ہیں۔ اس سے پہلے بھی اللہ تعالیٰ پر یقین نے میرے کئی کام آسان کیے ہیں شاید یہی وجہ ہے کہ مجھے انسان سے زیادہ رب کی ذات پر اعتماد ہے اسی وجہ سے ہمیشہ وہی بات لکھی جو دوسروں سے سنی ہے اور یہی کچھ اس داستان میں ہے۔

اگلی صبح میں نے ایک اہم کام کروانا تھا اس لیے میں عثمان درانی کے گھر میں آتے ہی کھانا کھا کر سو گیا۔

عثمان درانی میرا خالہ زاد بھائی ہے، اس نے ہمیشہ مشکل میں مدد کی ہے۔ اس کے والد رحمت اللہ درانی مرحوم کے مضامین بہاولپور کے مقامی اخبارات میں شائع ہوتے تھے، استاد بھی تھے اور کالم نگار بھی۔ ہمارے خالو تھے، ایس۔ ڈی۔ ہائی اسکول، بہاولپور میں پڑھاتے تھے، ہمیں اُن سے بہت کچھ سیکھنے کو ملا ہے۔ انعام درانی جو عثمان کا بھائی تھا، کے ساتھ مل کر میں نے ایک ذاتی کاروبار کرنے کا سلسلہ شروع کیا تھا مگر ناکامی کا شکار رہا تھا کہ ہم نے منصوبہ بندی درست نہ کی تھی اور یہی تجربات آگے چل کر بہت

کام آئے ہیں۔

☆☆☆☆☆

اب اگلی صبح کا قصہ بھی سن لیجیے۔

یہ سال 2018 کے دسمبر کی بات ہے۔

ہم ایک بار پھر دفتر سے چند دنوں کی چھٹی لے چکے تھے تاکہ وہ کام کرواسکیں جو کہ 2014 سے شروع ہوا تھا اور اب اُس نے پایہ تکمیل تک پہنچنا تھا۔ اس صبح بھی ہم نے بس میں تین گھنٹوں کا سفر کیا اور منزل مقصود تک پہنچے۔ ہم نے دعا مانگی کہ ''اے اللہ! آپ کے سہارے جا رہا ہوں، آج کام کی تکمیل کروا ہی دیں۔''

وہ گھڑی قبولیت کی تھی اور دعا قبول ہوگئی۔

''ان معاملات میں یہ سب تو ہوتا ہے۔'' اراضی ریکارڈ سنٹر انچارج نے مجھ سے کہا۔

میری جہد و جہد کے قصے سن کر انھوں نے مجھے جواب دیا۔

اراضی ریکارڈ سنٹر انچارج نے اپنی بات کہی اور رائج کارروائی کا آغاز کر دیا۔

اراضی ریکارڈ سنٹر انچارج کے طور پر کام کرنے والی اعلیٰ افسر نے میرے ساتھ تعاون کرتے ہوئے بھرپور مدد کی تھی کہ میں تنہا ہی حق کی جنگ لڑ رہا تھا۔ اگر وہ تعاون نہ کرتیں تو شاید آج بھی جہد و جہد جاری ہوتی۔ انھوں نے قانون کے مطابق اپنے اختیارات کا بھرپور استعمال کر لیا تھا۔ یہ بات کاش سب افسران جان جائیں کہ اگر وہ حق پر ہوتے ہوئے قانون کا درست استعمال کریں تو بے شمار لوگوں کے مسائل فوری حل ہو جائیں۔

''یہ واقعی خوش نصیبی ہے کہ میرا کام ہو رہا ہے۔ آج کے دور میں اس طرح کے اقدامات پر لوگ شک کرتے ہیں کہ پتا نہیں ہوگا بھی سہی یا پھر یہ آن لائن شکایات ایپ بھی کوئی شہرت کے حصول کا چکر ہے۔''

میں نے مسرت سے کہا اور اراضی ریکارڈ سنٹر انچارج کے کہنے کے مطابق رائج دفتری کاروائی مکمل

کروائی۔اس حوالے سے انھوں نے جو تعاون کیا وہ مجھے اُن کے لیے دعا کرنے پر اُکساتا رہتا ہے کہ انھوں نے بطور انسان عمدہ اخلاق کا مظاہرہ کرتے ہوئے ایک ''نیکی'' کی ۔ چند دنوں میں مجھ تک یہ اطلاع پہنچ گئی تھی کہ اب ''زمیندار'' بن چکا ہوں۔اس دوران اگرچہ نمبردار کو اپنے فرائض سے روکنے کی کوشش ہوئی تھی لیکن اُس نے حق کا ساتھ دیا تھا۔واجد شاہ کی جانب سے شور وغل اور قتل کی دھمکیاں اب بے سود تھیں۔

اپنے حق کے حصول کی جنگ پانچ سال تک لڑی تھی۔

اسی دوران میرے خلاف واجد شاہ کا مقدمہ بھی خارج ہو چکا تھا۔

یہ خارج کیوں ہوا تھا؟

دراصل جب میں نے اپنی درخواست ڈپٹی کمشنر صاحب کو دی تھی۔ایک تو اُس کی نقل مجھے ایک نیک دل افسر کی وساطت سے مل چکی تھی، دوسرا پٹواری ریاض نے جو شجرہ نسب بنا کر دیا تھا اُس میں حقیقی وارث ظاہر ہو رہا تھا۔ان ثبوتوں نے میرے موقف کو درست ثابت کیا تھا تو پھر اس مقدمے نے کہاں چلنا تھا۔

واجد شاہ کے وکیل کی عدم پیروی نے بھی میرے حق میں فیصلہ کروانے میں اہم کردار ادا کیا تھا۔لیکن ایک غلطی یہ کی جا چکی تھی کہ مجھے اُس پتے پر طلبی نامہ ارسال کیا گیا تھا جو کہ درست نہیں تھا اسی وجہ سے میں اُس کے آنے پر خوش تھا۔اب سوچنے کی بات یہی تھی کہ جو یہ نہیں جانتے تھے کہ میں رہتا کہاں ہوں؟

وہ یہ کیسے دعوا کر سکتے تھے کہ میں حقیقی وارث نہیں ہوں؟

جس پتے پر طلبی نامہ آیا تھا، میں وہاں رہتا ہی نہیں تھا۔

اس بات کو ''راز'' ہی رہنے دیں کہ ایسا کیسے ممکن ہے، سمجھنے والے اس قانونی نقطے کو سمجھ سکتے ہیں۔

یہی وہ نقطہ تھا جس نے مجھے اپنے وکیل کو کرنے اور مقدمے کو خارج کرنے پر مائل کیا تھا لیکن یہ فراموش نہیں کر سکتا ہوں کہ ''محمد اقبال بابر'' صاحب نے میری جیت میں اہم کردار ادا کیا ہے۔اُنھوں نے

مقدمے کی فیس کم لی تھی۔ اُن کو میرا حوصلہ پسند آیا تھا کہ کیسے میں ایک ''تگڑے زمیندار'' سے اپنا حق لینے کی جنگ لڑ رہا ہوں۔ میرے اسی حوصلے کی وجہ سے کئی اچھے افسران نے خوب سراہتے ہوئے ساتھ دیا تھا۔ یہی وہ قصہ ہے جس نے اپنی خودنوشت لکھنے کی جانب مائل کیا تاکہ یہ بتا سکوں کہ'' کچھ لڑائیاں آپ اللہ کے سہارے بھی جیت لیتے ہیں، چاہے کوئی بھی آپ کا ساتھ نہ دے۔''

یہ بات سوچنی چاہیے کہ اگر آج ہم رشوت دے رہے ہیں تو کل کو جس کی استطاعت نہ ہو، وہ کیا کرے گا۔ میں نے بدعنوانی ختم کرنے کی اپنی سعی کی تھی مگر پانچ سال کا وقت بھی لگا ہے۔ خدا بہتر جانتا ہے کہ پٹواری ریاض اور تحصیل دار زاہد سپرا آج اپنی مذموم سرگرمیوں میں ملوث ہوں گے یا نہیں۔ وہ یہ بہ خوبی جان گئے تھے کہ مجھ سے رشوت کا حصول ناممکن ہے۔ اُن کے خلاف شکایات نے اُن کی ترقی کے معاملات کو روک دیا ہوگا۔ اگر ایسا نہیں ہوا ہے تو پھر ایسا ہونا چاہیے تھا۔ ایسے افراد کی ہرگز ترقی نہیں ہونی چاہیے جو کہ اپنے اختیارات کا غلط استعمال کرتے ہیں۔

اسسٹنٹ کمشنر آصف علی نے مجھ سے کہا تھا کہ ''اگر میں حق پر ہوں تو بھرپور ساتھ دیں گے۔''

اُنھوں نے اپنی کہی بات پر عمل کیا۔ اُنھوں نے میرے درد کو کم کرنے میں اہم کردار ادا کیا۔

محترمہ حدیقہ اسلم اور جناب آصف علی کو اللہ نے عہدے، دولت کے ساتھ عزت سے خوب نوازا ہوا ہے یعنی نیکی کا صلہ دنیا میں ضرور ملتا ہے۔ میں اگر حوصلہ ہار جاتا تو پھر ساری عمر پچھتاوے میں زندگی جینی پڑتی کہ اپنے باپ کی تذلیل پر چپ رہا۔ عدالت میں یہ کہہ دیا جائے کہ کسی نے فلاں کی کوکھ سے جنم نہیں لیا ہے تو یہ چھوٹی بات نہیں ہوتی ہے۔

میں نے اپنی اماں کو ایک بار یہی کہا تھا کہ '' آج نہ اُٹھا، تو کل بھی چپ رہنا ہوگا۔''

اُس کے بعد انھوں نے کہا کہ ''جو غلط کرتا ہے اُس کے خلاف اُٹھنا چاہیے۔''

میں نے پانچ ایکڑ زمین اپنے اور بہن بھائیوں کے نام کروالی تھی یہ میری بہت بڑی کامیابی تھی جس نے یہ ثابت کر دیا تھا کہ اگر آپ حوصلہ رکھتے ہیں تو پھر مشکلات آپ کے سامنے ریت کا محل ثابت ہوتی ہیں۔

میرا بھائی شاہ نواز مجھے اکثر کہا کرتا تھا کہ دیوانی مقدمات انسان کو دیوانہ کر دیتے ہیں لیکن میں نے اس کی بات کبھی تسلیم نہیں کی تھی۔ ہمارے ہاں قانون کو سمجھنے والے بہت کم لوگ ہیں اگر کوئی قانون کو سمجھے اور پھر دلیری سے انصاف کی جنگ لڑے تو وہ انصاف حاصل کر سکتا ہے لیکن شرط یہ ہے کہ ہم دباؤ میں آ کر جھک نہ جائیں کہ اگر ایسا کر لیں گے تو پھر ہمارے ہاتھ کچھ بھی نہیں آئے گا۔

میں نے بے شمار باتیں اور دھمکیوں کو سنا تھا لیکن خود کو پریشان نہیں ہونے دیا تھا کہ جو گرجتے ہیں وہ برستے نہیں ہیں اور اہم بات یہ تھی کہ جب میں حق دار تھا تو پھر مجھے حق ملنا تھا لیکن اس کے لیے ضروری یہ تھا کہ میں اکیلا کھڑا ہو کر اس کے حصول کی جنگ لڑتا اور جب میں نے ایسا کر لیا تو پھر کامیابی نے میرے قدم چومے تھے کہ میں نے یہ جنگ اللہ کے سہارے جیت لی تھی۔

آپ کو حیرت انگیز بات بتا دوں کہ میں نے ملنے والی زرعی زمین میں اپنی بڑی بہن جو کہ میرے والد کی پہلی بیوی میں سے ہیں۔ ان کو بھی بطور خاص وارث قرار دلوایا تھا۔

میرے دل میں کوئی چور نہیں تھا اسی وجہ سے اپنی دونوں بہنوں کا حق ان کو دیا۔

☆☆☆☆☆☆

"میں ان سے شادی نہیں کرنا چاہتی ہوں۔"

اس جملے نے میرے اوسان خطا کر دیے تھے۔

میں نے فوری طور پر ایک فیصلہ کر لیا۔

میں ایک جگہ رشتہ طے ہونے کے بعد دعائے خیر کے لیے گیا ہوا تھا۔

جب لڑکی نے انکار کر دیا تو اصولی طور پر مجھے اس سے شادی نہیں کرنی چاہیے تھی۔

میں حق کے لیے لڑنے والا اور دوسروں کا بہت زیادہ احساس کرنے والا انسان ہوں۔ یہ بات کیسے برداشت ہو سکتی تھی کہ میں کسی کی مرضی کے خلاف اس کی زندگی میں شریک ہو جاؤں۔

اگرچہ میرے فیصلے پر چند احباب کو اعتراض تھا لیکن میں نے سوچ لیا تھا اس کے بعد عمل کرنا تھا کہ شادی بچوں کا کھیل نہیں ہے کہ ایک بار زور زبردستی سے کر لیں اور پھر نبھا نہ سکیں تو الگ ہو جائیں۔ اس سے

پہلے بھی ایک جگہ رشتے کے لیے اماں بات کرنے گئیں تھیں لیکن پھر دوبارہ ان کے ہاں جانے کا موقع نہیں ملا اور بات طے نہیں ہو سکی تھی۔ جہاں وہ بات کرنے گئیں تھیں وہاں بھی لڑکی کی خواہش تھی کہ وہ مجھ سے شادی کرے۔

یہ بات مجھ تک کیسے پہنچی تھی یہ ایک الگ قصہ ہے۔

یہ میری اچھی یا مثبت سوچ تھی جس نے میری شخصیت میں ایسی کوئی کشش بھر دی تھی کہ سب فریفتہ ہو جاتے تھے۔ مجھے اچھی طرح سے یاد ہے کہ شیریں کا کسی بیماری کی وجہ سے گلا اتنا خراب ہو گیا تھا کہ وہ بول نہیں سکتی تھی اُس نے ایک بار مجھے ایس۔ایم۔ایس کیا کہ وہ مجھ سے بات کرنا چاہتی ہے۔ میں نے کال کی اور جب یہ پیغام پڑھنے کو ملا کہ وہ بول نہیں سکتی ہے تو میں کئی دنوں تک شرمسار رہا تھا کہ یہ کیسا جذبہ ہے کہ کوئی اپنی آواز سنانے کی طاقت نہیں رکھتا ہے پھر بھی کوئی ہمیں سننا چاہتا ہے۔

میں نے چند منٹ بات کی اور پھر ہماری بات ختم ہوگئی۔ پھر سال کے بعد جب بات ہوئی تو علم ہوا کہ شیریں کی شادی ہوگئی ہے اور اس کا شوہر، اُس کا اور اپنے بچے کا ویسا خیال نہیں رکھتا ہے جیسا رکھنا چاہیے۔اس بات کا دُکھ مجھے زیادہ ہوا تھا کہ شیریں کی اپنی مرضی سے شادی نہیں ہوئی تھی اور دوسرا اس کے ساتھ زندگی نے ایسا کھیل کھیلا کہ جو شریک حیات بنا اُس نے بھی اُسے وہ قدر و قیمت نہیں دی جس کی وہ مستحق تھی۔ میری وٹے سٹے کی شادی طے تھی وہ بھی نہیں ہو سکی تھی کہ تب میری کوئی ملازمت نہیں تھی۔ میں خدا کا شکر ادا کرتا ہوں کہ میں بچ گیا تھا بصورت دیگر میں اس طریقہ کار کے تحت ہونے والی شادیوں کے نتائج دیکھ چکا ہوں وہ بہت سنگین ہیں اور مجھے سمجھ نہیں آتی ہے کہ ہم لوگ اس طرح کی شادیاں کیوں کرواتے ہیں جس سے ایک گھر اُجڑتا ہے تو اس کی وجہ سے دوسرا گھر بھی خراب ہو جاتا ہے۔ میں نے شادی کے حوالے سے کبھی نہیں سوچا تھا کہ کب اور کس سے کرنی ہے لیکن دل چسپ بات یہ ہے کہ بہت سے خواہش مند تھے جن میں سے ایک فاریہ تھی۔ اُس کی خواہش تھی کہ میری شادی اُس سے ہو جائے اگرچہ میں اُس کی مرضی پر چلنے کو تیار نہیں تھا لیکن جب اُس کے گھر جا کر بات کی گئی تو اُس کی والدہ نے وہ کچھ کیا جس کی شاید کوئی مثال ملتی ہو۔

فاریہ کے والد تک بات پہنچ گئی تھی لیکن پھر بھی والدین اُس کی مرضی سے شادی کرنے کو تیار نہیں تھے۔ مجھے یاد ہے کہ جب ہم آخری بار فاریہ کے گھر گئے تھے تو اس کی والدہ نے گھر کے اندر بیٹھنے تک کو نہیں کہا تھا اور ہمیں واپس جانے کا مشورہ دیا تھا۔ انھوں نے تب اس بات سے انکار کیا تھا کہ ان کی بیٹی کی پسند اس رشتے میں شامل ہے۔ یہ اُن کو اچھی طرح سے علم تھا کہ ان کی لاڈلی بیٹی کی چاہت تھی تو ہم ان کے گھر تک پہنچے ہیں بصورت دیگر ہم کیسے وہاں تک رسائی حاصل کر سکتے تھے۔

بہر حال، یہ معاملہ جس قدر خراب صورت حال میں ختم ہوا تھا اس کا ہمیشہ افسوس رہا۔ آج پسند کی شادی کے حوالے سے معاملات کو اخبارات، سوشل میڈیا اور ٹیلی ویژن پر دیکھتا ہوں تو اکثر اپنا قصہ یاد آتا ہے اور اس بات پر یقین ہو جاتا ہے کہ ہمارے والدین اگر یوں ہی اپنی ضد اور انا پر قائم رہے تو ایک دن سب نے گھر سے بھاگ کر شادی کرنی ہے۔ ہمارا دین اس بات کی اجازت دیتا ہے کہ پسند معلوم کی جائے لیکن یہاں پوچھنے کا واضح مطلب یہی ہوتا ہے کہ آپ بس ہاں کر دیں۔ شادی کے حوالے سے ایک بار ملازمہ نے مجھ سے بات کہی تھی۔

''بھیا جی! باجی پوچھ رہی ہیں کہ کیا آپ کو کوئی اور پسند ہے؟''

ان دنوں میں کسی کے ہاں مقیم تھا جب ملازمہ نے مجھ سے یہ بات کھانا دیتے ہوئے کہی۔

میں نے اُسے اپنے کام سے کام رکھنے کی بات کہی تھی۔

یہ میرے لیے بہت بڑا جھٹکا تھا کہ کوئی میرے حوالے سے چھان بین کروا رہا ہے۔ اللہ تعالیٰ کا کرم ہے کہ جب سے ہوش سنبھالا ہے میں نے کوشش یہی کی ہے کہ اپنی طرف سے کچھ غلط نہ کروں لیکن اگر کبھی کچھ غلط سرزد ہوا ہے تو اس کی بڑی وجہ میری اپنی حد سے زیادہ محتاط روی اور جذبات میں بہہ جانا ہے لیکن میں نے ہر ممکن حد تک یہی کوشش کی ہے کہ فوری طور پر کوئی ردعمل نہ دوں تاکہ جذباتی پن میں زیادہ کچھ نہ کر سکوں لیکن پھر بھی کچھ نہ کچھ کہیں نہ کہیں ہو گیا تھا لیکن بعد میں سمجھ آئی تھی کہ جو بھی ہوا ہے اُس میں اللہ تعالیٰ کی کوئی حکمت چھپی تھی۔

میری والدہ نے ہمیشہ یہی درس دیا ہے کہ دوسروں کی بہنوں کو بھی اپنی بہن سمجھا کرو۔ اس لیے میں نے

کبھی کسی عورت پر میلی نگاہ نہیں رکھی ہے۔

شادی کا تذکرہ چل رہا ہے یہ بتانے میں کوئی ہرج نہیں ہے کہ اللہ نے میرے لیے جو شریک حیات رکھا وہ میری زندگی میں آ گیا اور پھر میری زندگی میں جو ہوا ہے۔ وہ سب میرے لیے رب کائنات کی جانب سے ایک انعام ہے۔ میں اس رشتے کو نبھار ہا ہوں۔ اس کا صلہ ادبی دنیا میں مل رہا ہے اور یہ کیا کم اہمیت کی حامل بات ہے کہ میں نے ادب اطفال کی دنیا میں محض تین سالوں میں اتنی کامیابیاں حاصل کر لی ہیں جو قیام پاکستان سے 2022 تک بہت کم ادیبوں کے حصے میں آتی ہیں اور مجھے یقین ہے کہ یہ میرے صبر کا پھل ہے۔ میری 2018 کے جولائی میں شادی ہوئی اور ایک سال بعد ماہ ماہنامہ پھول میں پہلی تحریر شائع ہوئی یعنی آپ اسے میری خوش نصیبی کہہ سکتے ہیں۔

شادی کا سلسلہ شروع ہوا تو اس میں بہت کچھ ہوا۔

پہلے پہل یہ بات کہی گئی کہ ہماری بیٹی کو یہاں سے کسی اور شہر آپ نے لے کر نہیں جانا ہے؟

اب بندہ یہ بتائے کہ اگر نوکری کہیں اور ہو جاتی ہے تو پھر ہم کیا کریں؟

ہمارے گھر کا ماحول اور جہاں شادی ہو رہی تھی دل چسپ بات یہ تھی کہ ادھر کا ماحول بہت مختلف تھا۔

میں یہ بات سمجھ چکا ہوں کہ جب آپ نے شادی کرنی ہو تو آپ کو ایک تو سسرال والوں کا مزاج اور دوسرا اپنی شریک حیات کے عمر کے فرق کو ضرور دیکھیں کہ یہی وہ باتیں ہیں جو بعد کی زندگی میں بہت سے مسائل کھڑے کرتی ہیں۔

میرا تجربہ اس بات کا گواہ ہے کہ جب ہم کچھ اہم باتوں کو نظر انداز کرتے ہیں تو پھر ہم متاثر ہو جاتے ہیں اور پھر لوگ ہم سے کنارہ کشی اختیار کرتے ہیں۔ اگرچہ میں شادی شدہ ہوں لیکن میری شخصیت اور ادبی شہرت کی بدولت کئی احباب نے عقد ثانی کی پیش کش کی ہے جو کہ میرے لیے ایک اعزاز ہے اور میں سمجھتا ہوں کہ نکاح کرنا گناہ نہیں ہے۔ اگر ہم کسی کا سہارا بن کر کسی کی زندگی کو بہتر کر سکتے ہیں تو پھر یہ فیصلہ ضرور کر لینا چاہیے لیکن اس حوالے سے سوچ سمجھ کر قدم اُٹھانا چاہیے کہ آپ کو پھر نبھانا ہوگا کیوں کہ طلاق اللہ کے نزدیک ناپسندیدہ عمل ہے۔

مجھے اکثر یہ بات سننے کو ملتی ہے کہ میرے بچے نہیں ہیں؟

میرے خیال میں اللہ تعالیٰ نے اگر مجھے اولاد نہیں دی ہے تو اس کی ایک اہم ترین وجہ یہ ہو سکتی ہے کہ مجھے دوسروں کے بچوں کی ایسی تربیت کرنی ہے جو شاید ان کے اپنے والدین بھی نہ کر سکیں۔

بچوں سے یاد آیا کہ میری اکثر کہانیوں پر اعتراض کیا جاتا ہے کہ یہ بڑوں کے لئے لکھی گئی ہیں۔ ان میں میرے اپنے کچھ قریبی احباب بھی شامل ہیں لیکن ان کو علم نہیں ہے کہ میری ہر کہانی میرے اردگرد بچوں کی پسندیدگی کے بعد شائع ہونے کے لیے جاتی ہے۔ اس بات پر اعتراض کیا جاتا ہے کہ پرستار گھروں میں ہی ہیں تو بات یہ ہے کہ ہر گھر کا ماحول الگ ہے اور ہر بچے کی سوچ جداگانہ ہوتی ہے۔ میری ایک جیبی سائز کہانی کا مجموعہ ''باغی'' ایک تیسری جماعت کی طالبہ کو بہت پسند آیا یعنی میں کہہ سکتا ہوں کہ کسی ادیب سے زیادہ کسی پڑھنے والے بچے کی رائے میرے لئے اہم ہے اور میری کہانیوں پر ان کا اعتراض کم سے کم میرے لئے قابل قبول نہیں ہے اور چوں کہ میں بچوں کی نفسیات جانتا ہوں تو اس لئے ان کے لئے لکھنا میرے لیے آسان ہے۔

میری کئی کہانیوں پر جان بوجھ کر اعتراضات کیے گئے ہیں۔ دل چسپ بات یہ ہے کہ جن کی اپنی کہانیوں میں کئی مسائل نظر آئے۔ ان کو میری کہانیوں میں نقص نظر آئے ہیں۔ ایک خاتون لکھاری نے اپنے اولین تبصرے میں روندنے کی کوشش کی۔ میں نے اس عمل پر شکایت کی تھی کہ مجھے یہ بہت بُرا لگا تھا کہ ایک ساتھ انھوں نے تین قلم کاروں کی کہانیوں پر بھرپور اعتراض کیا تھا۔ اس حوالے سے جب ان کے اشاعتی ادارے کے سربراہ کو بات کہی تو غالباً انھوں نے ہمارا نام لیا تھا تب ہی وہ مجھے سمجھانے آئی تھیں کہ مجھے سمجھانے کا طریقہ خوب آتا ہے۔ یہاں بات واضح کرتا چلوں کہ مجھے تبصروں پر اعتراض کم ہوتا ہے لیکن انھوں نے جس انداز میں بات کہی وہ کسی طور پر ایک ادیب کو زیب نہیں دیتا ہے کہ آپ طنزیہ طور پر کسی کو نیچا دکھانے کی کوشش کریں۔

میری لکھی گئی ایک جیبی سائز کہانی ''میں اقبال ہوں'' کی سو کاپیاں بیک وقت خریدی گئیں تو اس نے احساس دلوایا کہ آج بھی بچے کہانیاں پڑھنا پسند کرتے ہیں تب ہی تو ان کے لیے کہانیوں کے مجموعے

خریدے گئے ہیں یعنی ہم کہ سکتے ہیں کتاب کے قاری ہر دور میں زندہ رہیں گے جو کتاب نہ بکنے کی بات کرتے ہیں وہ شاید اتنا معیاری یا ایسا منفرد نہیں لکھتے ہوں گے کہ لوگ ان کی کتب خریدیں۔

میرا اولین افسانوی مجموعہ ''قسمت کی دیوی'' جس انداز میں فروخت ہوا ہے وہ میرے لیے ناقابل یقین بات ہے۔اس مجموعے کو بھارت میں قابل احترام مکرم نیاز نے فروخت کے لیے پیش کیا۔جس نے وہ خوشی دی جسے بھلانا آسان نہیں ہے۔انھوں نے دنیا کے سب سے مشہور آن لائن بک اسٹور'' بارنس اینڈ نوبل'' اور''امیزون انٹرنیشنل'' پر آن لائن خریداری کے لیے پیش کرایا جو میرے لیے ایک اعزاز ہے کہ میری کتاب اردو سے محبت رکھنے والوں کی دسترس میں آئی۔ان کے حوالے سے آگاہ کرتا چلوں کہ سید مکرم نیاز صاحب کا پہلا افسانہ 'آزمائش' ماہنامہ بتول، رام پور میں شائع ہوا۔اس کے تقریباً 25 سال بعد اولین افسانوی مجموعہ'' راستے خاموش ہیں'' 2022 میں شائع ہوا۔جو ان کے مشاہدات اور زندگی کے تجربات کا حاصل کہا جا سکتا ہے۔''تعمیر نیوز'' اور''تعمیر پبلی کیشن'' کے ذریعے فروغ ادب کے حوالے سے ان کی خدمات ناقابل فراموش ہیں۔ان کے والد سید رؤف عطش ادبی دنیا میں اپنا ایک خاص مقام رکھتے ہیں۔مکرم نیاز صاحب مختصر سے عرصے میں اپنے اشاعتی ادارے سے بیس سے زائد کتب شائع کر چکے ہیں جو کہ ان کے بہترین کام کی عکاسی کرتا ہے۔

مکرم نیاز بھائی میرے لیے خاص ہیں جیسے حسنین عاقب صاحب ہیں۔انھوں نے جو کچھ میرے لیے کیا ہے یہ احسان میں زندگی بھر نہیں اتار سکتا ہوں۔پاکستان سے زیادہ بھارت میں اردو ادب کے فروغ کے لیے احباب کام کر رہے ہیں اور مجھے پزیرائی ہندوستان سے بھی ملی ہے جس نے بہت زیادہ قوت دی ہے تا کہ میں مزید بھرپور انداز میں کام کرسکوں۔

''قسمت کی دیوی'' پر کئی اعتراضات کیے گئے ہیں کہ میں نے بہت کڑوا سچ بولا ہے۔میرے خیال میں حقیقت کو ویسا ہی پیش کرنا چاہیے جس طرح سے وہ ہوتی ہے۔اگر کوئی سچائی کو پسند نہیں کرتا ہے تو اُسے جھوٹ کا لحاف پکڑ کر سو جانا چاہیے کہ جب ضمیر جاگنے پر آمادہ نہ ہو تو اس کو سلانا بہتر ہے۔

بہرحال، اولاد اللہ تعالیٰ کی طرف سے ایک بہترین انعام ہے جو وہ اپنے بندوں کو عطا کرتا ہے اور جن

کے پاس یہ دولت نہیں ہے اس کی حکمت ہم نہیں سمجھ سکتے ہیں۔ میں نے دیکھا ہے کہ جب بھی کسی کے بچے نہیں ہوتے ہیں تو پھر اس کو دوسری شادی کا مشورہ دیا جاتا ہے اب یہ ضروری تو نہیں ہے کہ عقد ثانی کے بعد اولاد یقینی ہو جائے گی۔ اگر عورت میں مسئلہ ہے تو پھر اُسے چھوڑنا بہترین حل نہیں ہے اور اسی طرح سے کسی مرد میں کوئی نقص ہے تو پھر عورت کو بھی احترام اور لحاظ کرنا چاہیے لیکن انسان بے صبرا واقع ہوا ہے بس وہ لوگوں کی باتوں میں آجاتا ہے اور اپنی زندگی برباد کر لیتا ہے۔

میں نے دیکھا ہے کہ جب اولاد ہو جاتی ہے تو شریک حیات پسند نہیں ہوتی ہے اور وہ اُسے چھوڑ کر کہیں اور جاتے ہیں لیکن پھر بچے نہیں ہوتے ہیں یعنی کہیں نہ کہیں آپ کو سزا مل جاتی ہے۔ میں یہی مشورہ دینا چاہوں گا کہ آپ نے شادی کرنی ہے تو سوچ سمجھ کر کریں بصورت دیگر زندگی آپ کے لیے خوشگوار نہیں رہے گی۔

میرے ایک رشتے دار کی شادی کم عمری میں بڑی لڑکی سے ہوئی، ان کی شادی کو کئی برس گزر گئے ہیں لیکن اولاد نہیں ہے پھر بھی وہ خوش ہیں یعنی سمجھوتہ تعلق قائم رکھنے کے لیے ضروری ہے لیکن جہاں برتن روز ٹوٹ رہے ہوں پھر الگ ہونا بہترین عمل ہے۔ کبھی کبھی ایسا ہوتا ہے کہ الگ ہونا بھی مسئلے کا حل نہیں ہوتا ہے اور کبھی کبھی حادثاتی طور پر الگ ہو جاتے ہیں اور پھر زندگی ہمیں کہیں سے کہیں لے جاتی ہے۔

کچھ ایسا ہی ہمارے ساتھ ہوا جب ہمارے بچپن کے دوست محمد عمر ہم سے جدا ہوئے اور ہمیں کسی نے یہ بات بتائی کہ وہ کسی حادثے کا شکار ہو گئے ہیں۔ ہم اُسے بھول گئے تھے لیکن اُس نے ہمیں یاد رکھا تھا۔ جیسے ہمیں ہمارے دوست ضیغم عباس یاد رہتے ہیں کہ انھوں نے ہماری بہن یعنی اپنی شریک حیات کا تعاون حاصل کرتے ہوئے ہمارے لیے لڑکی دیکھنے کی خواہش کا اظہار کیا تھا۔ افسوس ہے کہ ہم اپنی بہن کی مرضی سے شادی نہیں کر سکے ہیں۔ برسوں بعد جب محمد عمر نے ہم سے رابطہ کیا اور ہم سے ٹیلی فون پر کہا کہ وہ محمد عمر ہے اور ہمارے ساتھ اسکول میں پڑھ چکا ہے تو ہمیں یقین نہیں آیا تھا۔ اُس نے ہمارے ماموں نصر اللہ خان لودھی سے رابطہ کر کے فون نمبر لیا تھا۔ جب ہم نے اُسے کہا کہ ہم تو ایسا سمجھ رہے تھے کہ وہ دنیا سے رخصت ہو چکا ہے تو وہ بہت شرمسار ہوا اور شکوہ بھی کیا کہ اچھے دوست ہو؟ تم

نے ہمیں مار دیا ہے۔ ہم نے اُس کے شہر کا رخ کیا تو پھر رات دس بجے سے صبح نماز فجر تک گفتگو ہوتی رہی اور ہم ایک دوسرے کو اپنی زندگی کے اہم واقعات سناتے رہے اور بہت کچھ ایک دوسرے سے سیکھتے رہے۔ اُس نے شادی کر لی تھی اُس کی شادی ایک ہنگامہ خیز واقعہ ہے جسے سن کر حیرت ہوئی۔

جب ہم نماز فجر کے وقت مسجد میں گئے تو حسن اتفاق سے تبلیغی جماعت میں شامل دو افراد جو کہ افریقی ممالک سے تعلق رکھتے تھے اُن سے بات چیت ہوئی۔ انھوں نے از خود ہم سے ملاقات کی تھی تا کہ ہمیں کچھ تبلیغ کر سکیں۔ انھوں نے ہم سے جو کہا وہ ہم نے سن لیا تھا پھر ہم نے انتہائی خوش اسلوبی سے انہیں کہا کہ ہم بھی کچھ تبلیغ کے حوالے سے گذارشات کرنا چاہتے ہیں۔ ہم نے کہا کہ آپ نے جو بتایا ہے وہ اپنی جگہ درست ہے لیکن ہمیں چند دوسرے معاشرتی مسائل کے حل کے لیے بھی نوجوانوں کی رہنمائی کرنی چاہیے جیسا کہ پسند کی شادی کا معاملہ ہے۔ ہم صرف چند معاملات پر زیادہ بات کرتے ہیں دیگر امور پر بھی بات کرنی چاہیے ہمیں ہر اچھے کام کی تبلیغ کرنی چاہیے۔ انھوں نے ہمیں "ہوشیار آدمی" کا خطاب دیا تھا کہ ہم نے خوبصورتی سے بہت کچھ عیاں کر دیا تھا۔ مجھے ان سے بات چیت کرنا اچھا لگ رہا تھا لیکن چوں کہ ہماری تبلیغی گفتگو کچھ زیادہ ہوگئی تھی تو ایک صاحب ان کو بلانے آئے اور ہم نے اپنا رخ مسجد سے باہر جانے کے لیے کر لیا کہ برسوں بعد پہلی ملاقات کو یادگار بنانے کے لیے محمد عمر نے شاندار ناشتے کا بندوبست کیا ہوا تھا۔

☆ ☆ ☆ ☆ ☆ ☆ ☆

"قدم حسنین خان" میرے بہترین استاد ہونے کا اعزاز یوں رکھتے ہیں کہ وہ ہر طالب علم کو اتنی توجہ دیتے ہیں کہ ہر شاگرد سمجھتا ہے کہ وہ ان سے بڑی محبت رکھتے ہیں۔ ادبی دنیا میں خان حسنین عاقب کے نام سے مشہور ہیں اور بھارت سے تعلق رکھتے ہیں۔ خان حسنین عاقب کی ایک منفرد شناخت یہ ہے کہ انھوں نے قرآن پاک کے تیسویں پارے کی تمام سورتوں کا انگریزی زبان میں منظوم ترجمہ بھی کیا ہے اور اسی حوالے سے برصغیر میں ایک منفرد پہچان بھی رکھتے ہیں۔

تین دہائیوں سے شعر و ادب کی دنیا سے وابستہ خان حسنین عاقب کی ذات کے بارے میں جاوید ندیم

کیا خوب لکھتے ہیں کہ ''وسیع الجہات صلاحیتوں کے باوجود ادبی اشتہار بازی، خود نمائی، مصلحت گوشی کے فن سے ناواقف، جی حضوری اور خوشامد کے اسکول سے سدا غیر حاضر، نام و نمود کی تام جھام سے کوسوں دور رہتے ہوئے بھی زمین اور زمینی لوگوں سے جڑی ہوئی منکسر المزاج شخصیت کا نام ہے حسنین عاقب، اگر کوئی شخص ان سے واقف نہیں تو سمجھ لیجیے کہ اُس کا اُردو ادب کے موجودہ منظر نامے کا مطالعہ ادھورا ہے۔''

دل چسپ بات یہ ہے کہ جو اوصاف حسنین عاقب صاحب رکھتے ہیں وہ خواہش رکھتے ہیں کہ ویسے ہی ان کے شاگرد ہو جائیں، ہر شاگرد اپنے استاد کا عکس ہوتا ہے اور ان کی تربیت ان کے کردار میں خوب نظر آتی ہے۔ انھی کے ایک شاگرد محسن ساحل نے اپنے استاد کی شخصیت اور فن پر کتاب ''ہمہ ینم آفتاب'' سامنے لا کر اُن کو بہترین خراج تحسین پیش کیا ہے۔

میں نے پہلی بار حسنین عاقب صاحب سے بات کی تو مجھے ذرا بھی احساس نہیں ہوا کہ ہمارے درمیان کوئی اجنبیت ہے۔ حسنین عاقب صاحب نے جس شفقت اور خلوص کا مظاہرہ کیا وہ میرے لیے انمول ہے کہ انھوں نے مجھے یہ ثابت کر کے دکھایا ہے کہ حقیقی ادیب کیسا ہوتا ہے جو اپنی ذات میں ادب کو سموئے ہوتا ہے۔ یہ حیرت انگیز بات ہے کہ مجھے پاکستان کی نسبت بھارتی ادیب سے وہ کچھ سیکھنے کو ملا ہے جو شاید اپنے دیس کے ادیبوں سے عمر بھر سیکھنے کو نہیں ملنا تھا۔

ادب اطفال میں ہم نے جو سلسلہ متعارف کروایا یعنی ''تشہیر کہانی''، اس کے لیے حسنین عاقب صاحب نے تشہیری کہانی ''موگلی اور کہاوت کہانی نمبر'' لکھ کر جو مجھے عزت افزائی دی، وہ میرے لیے ایک اعزاز ہے۔ ایک شاگرد کو اس طرح سے حوصلہ افزائی دے کر آگے بڑھنے پر مائل کرنا غیر معمولی کام ہے جس پر یقینی طور پر خراج تحسین کے مستحق ہیں۔ پاکستان میں مجھے کئی ایسے ادیبوں سے واسطہ پڑا جنھوں نے شاباشی دی تو اس کا واضح مطلب تھا کہ میں ان کے مفادات کے لیے کام کروں اور کھلے عام انکار نہ کروں۔ جب میں نے دیکھا کہ میرے راستے میں محض اس وجہ سے کہ میں کم وقت میں ادب اطفال میں اپنی ساکھ بنا رہا ہوں۔

میرے لیے مسائل کھڑے کیے گئے۔

میں نے ایک کہانی رسالے کوارسال کی تو محض ''معذرت'' کا جواب ملا۔

مزے کی بات یہ ہے کہ اس کے بعد میری پرانی کہانی جو مذکورہ رسالے کے پاس تھی وہ شائع کر دی گئی۔

مذکورہ بالا کہانی کسی اور رسالے کو بھیجی تو وہاں سے بھی جواب مل گیا۔ حیرت انگیز طور پر کہانی کو نا قابل اشاعت نہیں کہا گیا لیکن یہ کہا گیا کہ ''جنوں پریوں'' کی کہانی کی فی الوقت کوئی جگہ نہیں ہے۔

میں نے کبھی اس طرح کی کہانی نہیں لکھی تھی لیکن لکھی تو یہ حال ہوا۔

یہاں جو لکھاری جس طرح کی کہانیاں لکھ رہے ہیں۔

اس کی ایک مثال دوں گا کہ ایک لکھاری نے بے حد غیر مناسب الفاظ میں کچھ جملے لکھے۔ اُس رسالے کے مدیر نے اُس کہانی کو نجانے کیوں شائع کر دیا تھا لیکن اُن سے زیادہ تو وہ لکھنے والا قصوروار ہے جو ایسا لکھ رہا ہے جو بچوں کے لیے زہر قاتل ہے۔

آپ ذرا وہ جملے ملاحظہ کیجئے۔

"بوتھی (شکل) سنبھال ہنومان کے بھتیجے"

"تمہاری مینگیں پہلے گول تھیں اب لمبوتری کیوں ہیں؟"

"او! میں صدقے، میں واری۔ کیا سیانی ہے میری رانی"

جب ایسا مواد لکھا جائے گا تو مجھے کوئی بتائے گا کہ کون سے والدین بچوں کو رسائل پڑھنے دیں گے۔

میرا رسالے کے مدیر یا مالک سے اختلاف نہیں ہے۔ میری خواہش ہے کہ ادب اطفال کے لیے مواد ایسا ہو جو ادب اطفال کی تعریف پر بھی پورا اترے۔ بچوں کے رسائل پڑھنے سے بطور ادیب مجھے بھی اندازہ ہو رہا ہے کہ دور حاضر میں کن موضوعات پر لکھنا سودمند ثابت ہو سکتا ہے۔ جس کہانی نے میرے پاؤں تلے سے زمین نکال دی تھی۔ اُس کے چند اقتباس ملاحظہ کیجئے تا کہ آپ کو پتا چل سکے کہ ادب اطفال میں کیسے کیسے کارہائے نمایاں سرانجام دیے جا رہے ہیں۔ کہانی کا عنوان، قلم کار اور رسالے کا نام از خود نہیں لکھ رہا ہوں کہ پھر کہا جائے گا کہ کچھ زیادہ عیاں کر دیا۔

''پھر وہ دن آیا جب اسے زچگی کے لیے ہسپتال لے جایا گیا۔ ڈاکٹر اسے کمرے میں لے گئی۔ ادھر شکیل اور اس کی ماں بے چینی سے انتظار کر رہے تھے۔ کچھ دیر بعد نرس نے آ کر بتایا'' اللہ نے اپنی رحمت کرتے ہوئے بیٹی سے نوازا ہے۔''

بچوں کو زچگی کا مطلب کتنے والدین خوشی سے بتائیں گے؟

کیا نونہال اس کی تشریح کے لیے رسالے کے مدیر سے رابطہ کریں گے۔

ان جملوں کی اشاعت اپنی جگہ آپ ایک اور اسی کہانی کا جملہ پڑھ لیجیے۔

''وہ اب بوڑھا ہو چکا تھا اس کی بیٹی بھی جوانی کی دہلیز پر قدم رکھ چکی تھی۔''

ہم اب بچوں کو یہ بات کیسے سمجھائیں گے کہ کوئی جوانی میں کب قدم رکھتا ہے۔

اسی کہانی میں ایک جگہ کچھ یوں بیان ہوا ہے، پیغام خوب صورت ہے لیکن کیا یہ بچوں کی کہانی میں ہونا لازم تھا۔

''اکثر لوگ اسے طعنہ دیتے کہ پڑھ لکھ کر بگڑ جائے گی، اس کی عزت کا جنازہ نکالے گی مگر وہ کہتا کہ بیٹیوں کو پڑھانے سے عزت کا جنازہ نہیں نکلتا بلکہ نہ پڑھانے سے نسل کا جنازہ اُٹھ جاتا ہے۔''

ان جملوں نے تو رہی سہی کسر پوری کر دی ہے۔

''برادری کے کافی نوجوان خواہش مند تھے کہ خوشبو سے اپنی زندگی مہکائیں اور شادی کے بعد کی زندگی سکون سے گزرے اور ان کی اولاد بھی نیک کردار ہو۔''

''خوشبو کی ازدواجی زندگی پر سکون گزر رہی تھی کیونکہ اس نے بھرپور کوشش کی کہ اس کے شوہر اور سسرال والوں کو اس سے کبھی شکایت کا موقع نہ ملے۔''

مجھے سمجھ نہیں آتی ہے کہ ہم بچوں کو شادی بیاہ کے حوالے سے معلومات دے کر کس قسم کی تربیت کر رہے ہیں۔ یہ ایک المیہ ہے کہ ہم بطور ادیب اپنی ذمہ داری سے غفلت کا مظاہرہ کر رہے ہیں اور بچوں کو مطالعے سے دور کرنے میں اہم کردار ادا کر رہے ہیں۔ اگر اس طرح کی کہانیاں شائع ہوتی رہیں تو پھر بچوں کو والدین نے رسائل اور کہانیوں کی کتب کو ہاتھ بھی نہیں لگانے دینا ہے۔

حیران کن بات یہ ہے کہ سال 2022 میں جو بچوں کے رسائل ہیں ان کا حال یہ ہے۔ اگر ہم ماضی کو دیکھیں تو پتا نہیں کیا کچھ شائع ہو چکا ہوگا یقینی طور پر کچھ ایسا تو ہوا ہے جو والدین بچوں کو رسائل خوشی سے نہیں پڑھنے دیتے ہیں۔

اس حوالے سے میرا مضمون ''ادب اطفال کا معیار محل نظر'' روزنامہ اساس، روالپنڈی میں 25 اگست 2022 کو شائع ہوا۔

میں نے اپنی ذمہ داری کا احساس کرتے ہوئے اول الذکر کہانی جس رسالے میں شائع ہوئی تھی اُس کے مدیر کے نام خط لکھ دیا تھا۔ اُن کی جانب سے کوئی جواب تو موصول نہیں ہوا لیکن میں پرسکون ہوں کہ میں نے اپنی طرف سے شمع جلا دی ہے جس کی روشنی ایک دن ضرور پھیلے گی۔ اس کا ہوسکتا ہے کہ مجھے خمیازہ بھی بھگتنا پڑے اور میری کہانیوں کو ناقابل اشاعت قرار دے دیا جائے لیکن جو سچ ہے وہ سچ رہے گا، جو کہا ہے اس کی قیمت ادا کروں گا۔

☆☆☆☆☆

یہ قصہ جون 2021 کا ہے جب پہلی مرتبہ ادب اطفال ادیب سے لیا جانے والا انٹرویو کسی رسالے کی زینت بنا۔ یہ سب ''محمد فہیم عالم'' کے ہماری ذات پر بھروسے کی بدولت ممکن ہو سکا۔ اُن کو ادب اطفال کے بہترین ادیب ''نذیر انبالوی'' نے مشورہ دیا تھا کہ وہ ماہ نامہ ''جگنو'' کے مزاحیہ کردار نمبر کے لیے نوشاد عادل کے انٹرویو کے لیے ہمارا انتخاب کریں۔ ہمارے ہاں یہ کہا جاتا ہے کہ نوجوان ادیبوں کو بھرپور انداز میں سراہنے کی روایت نہیں ہے تاہم میں اس بات کا کھل کر اعتراف کرنا چاہوں گا کہ چاہے محدود دائرے میں ہی سہی لیکن ادب اطفال کی دنیا میں نئے قلمکاروں کو سراہنے کی روایت قائم ہے البتہ یہ ضرور کہا جاسکتا ہے کہ اس کی تشہیر بے حد کم ہوتی ہے جس سے یوں محسوس ہوتا ہے کہ کچھ بھی اچھا نہیں ہو رہا ہے۔ جہاں کوئی اپنی صلاحیتوں کے بل بوتے پر سامنے آ رہا ہو تو اُسے سب سراہنے کی کوشش کرتے ہیں۔ اس حوالے سے قابل احترام پرویز بلگرامی، منزہ سہام مرزا، خان حسنین عاقب، فہیم آفریدی اور خالد علی کی مثال سامنے ہے کہ وہ بھرپور انداز میں آپ کو آگے بڑھنے کی قوت دیتے

ہیں۔

یہ میرے لیے بڑے اعزاز کی بات ہے کہ قابل احترام محمد فہیم عالم نے بعدازاں اپنے رسائل کے لیے انٹرویوز لینے کا کہا اور مجھے اپنی ساکھ اور پہچان بنانے کے لیے وہ آزادی بھی دی جس کی میں نے خواہش ظاہر کی تھی۔ یہ بات آپ یاد رکھیں کہ اپنی ساکھ بنانے کے لیے بغاوت کرنی پڑتی ہے یعنی جب آپ کچھ اچھا کرنا چاہ رہے ہیں اور سمجھتے ہیں کہ جو ہو رہا ہے اس کے خلاف بات کریں تو آپ کو نتائج کی پروا کیے بنا بات کرنی چاہیے۔

یہ نہیں سوچنا چاہیے کہ مستقبل کا کیا ہوگا؟

آپ نے اگر ایسا کرلیا تو یقین مانیں کہ آپ بہترین کامیابی حاصل کرسکتے ہیں۔

میں اپنی کوشش کروں گا کہ دورحاضر کے تمام ادب اطفال ادیبوں کے انٹرویوز لے کر ایک منفرد انداز میں ادب اطفال کی تاریخ میں امر ہو جاؤں۔ دل چسپ بات یہ ہے کہ ابھی تک جتنے ادیبوں کے انٹرویوز لیے ہیں وہ ادب اطفال کی تاریخ میں ایک ریکارڈ ہیں کہ شاید ہی کسی نے اتنی بڑی تعداد میں ادب اطفال ادیبوں کو سراہنے کی غرض سے انٹرویوز لیے ہوں کہ ہمارے ہاں محض خوشامد اور چاپلوسی کی خاطر ایسے سوالات پر مبنی انٹرویوز لیے جاتے ہیں جن کا مقصد محض تصویر کا ایک رخ دکھانا ہوتا ہے حالاں کہ انٹرویوز تو کسی کو بے نقاب کرکے رکھ دیتا ہے اگر وہ سنجیدگی اور سوچ سمجھ انداز میں لیا جائے۔

یہاں اُن احباب کو کہوں گا جو انٹرویوز لے رہے ہیں کہ وہ اس ذمہ داری کو سنجیدگی سے ادا کریں اور دوسروں کا انٹرویو ایسا لیں کہ ان کی شخصیت اُجاگر ہو سکے یہی اس کا بنیادی مقصد ہے۔ ایک نوجوان ادیب نے مجھے انٹرویو کے لیے ایسے انداز میں سوال نامہ ارسال کیا تھا جس کو دیکھ کر میں نے سر پکڑ لیا تھا کہ اس نے تعارف میں مزاحیہ انداز لاکر توہین کرنے کی کوشش کی تھی ہم نے ان کو پھر انٹرویو نہیں دیا۔

رسائل کے مدیران کو حوصلے کے ساتھ سچی اور کھری باتوں پر مبنی انٹرویوز شائع کرنے چاہیں کہ کسی بھی ادیب کی ذات بھرپور انداز میں اُجاگر ہو سکے۔ ایک ادیب نے مجھے بتایا تھا کہ اس کی کڑوی باتیں پڑھ کر رسالے کے ایک اہم ذمہ دار نے اعتراض کیا۔

یہ میرے خیال میں اچھی بات نہیں ہے۔

ادب کی دنیا میں رہنے والوں کو ایک دوسرے کے خیالات کا احترام کرنا چاہیے، اختلاف کا بھی طریقہ کار ہونا چاہیے۔ یہاں محمد جعفر خونپوریہ کا تذکرہ کرنا ضرور چاہوں گا کہ جب میں نے ان کا انٹرویو لیا تو وہ میرے لیے بے حد نفع بخش ثابت ہوا کہ اُس کے بعد میرے اور محمد جعفر خونپوریہ کے تعلقات مثالی قائم ہو گئے اور ان کی یہ خواہش کہ ''آپ کی ہر تحریر کتابی سلسلہ ''گلدستہ ٹوٹ بٹوٹ'' میں شائع ہونی چاہیے۔''

جب بھی یاد آتی ہے وہ میری آنکھوں کو نم کر دیتی ہے۔

ان جیسی ہستیاں ہی کسی انسان کو مزید جستجو اور کامیابی تک سکھ کا سانس نہ لینے کا درس دیتی ہیں۔

میرے خیال میں جو آپ کا بھلا سوچتے ہیں آپ کو بہت کچھ بالا طاق رکھتے ہوئے اُن کے لیے کرنا چاہیے کہ یہی وہ لوگ ہوتے ہیں جو آپ کو بہترین کامیابی تک لے جاتے ہیں۔

محمد جعفر خونپوریہ بے حد حساس دل کے مالک ہیں۔

انھوں نے ایک بار مجھے کہا کہ ''نوشاد عادل سے زیادہ نام کمانے والے ہو۔''

ان کی اس بات نے میرے پاؤں تلے سے زمین نکال دی تھی کہ ادب اطفال میں آئے ابھی زیادہ وقت نہیں گزرا ہے اور اتنی بڑی بات میرے حوالے سے کہہ دی۔ یہی دیکھ لیجیے کہ گلدستہ ٹوٹ بٹوٹ جوئنیر کے لیے بطور مدیر کام کرنے کے لیے منتخب کرلیا۔ ان کو مجھ پر اعتماد تھا اسی وجہ سے میں نے بھی انکار نہیں کیا۔ میں نے ان کے ساتھ مل کر ''بزم ادب پبلی کیشنز'' کے لیے یوں کام کرنا شروع کیا جیسے وہ میرا اپنا ادارہ ہو۔ دل چسپ بات یہ ہے کہ اس ادارے سے شائع ہونے والی محض چند پاکٹ سائز کتب اور کہاوت کہانی نمبر کی اشاعت اور میری دیگر ادبی سرگرمیوں نے مجھے ''آس پبلی کیشنز'' کے ساتھ کام کرنے کا موقع دیا۔ یہ ادارہ نامور ادیب ابن آس محمد نے قائم کیا تھا۔ ان کی جانب سے ٹیلی فون کال کے بعد میں نے فیصلہ کرلیا تھا کہ ادب کے فروغ کے لیے ان کے ساتھ کام کرنا چاہیے۔ مجھے اُس وقت یہ اندازہ تھا کہ شاید میرا نام تشہیری مقاصد کے لیے ہو لیکن میں نے ذہنی طور پر سوچ لیا تھا کہ

جہاں ادب کے فروغ کی بات ہوگی، میں وہاں جاؤں گا کہ میرا مقصد ادب کا فروغ ہے۔
محمد نوید مرزا کا جیبی سائز شعری مجموعہ ''انکار ضروری ہے'' اور خالد دانش کا ''اے خدائے حسن وعشق (دوہے)'' جب شائع ہوا تو مجھے یہ دیکھ کر حیرت ہوئی کہ اس میں بطور رابطہ کار میرا نام لکھا گیا ہے۔ یہ میرے لیے حیران کن بات تھی کہ اس وقت تک ''آس پبلی کیشنز'' کے ادارے کو چھوڑ چکا تھا۔ چوں کہ محمد نوید مرزا اور خالد دانش کی کتب کی تشہیری مہم میں میرا حصہ تھا تو مجھے خوشی تھی کہ جانے کے بعد بھی یاد رکھا گیا۔ یہ ابن آس محمد کے سراہنے کا خوب صورت انداز کہا جا سکتا ہے۔ یہ بہت زوردار جھٹکا تھا جو کئی احباب کو چونکا گیا۔ یہ بالکل ویسے ہی حیرت انگیز خبر تھی جیسے ان پر لکھا گیا میرا مضمون ''ابن آس محمد۔ادب اطفال کا روشن ستارہ'' 23 جون 2022 کو روزنامہ شہباز، پشاور میں شائع ہونے کے بعد ادبی حلقوں میں دھوم مچا گیا تھا۔
اسلام آباد ٹریفک پولیس کے ریڈیو چینل پر ایک دوست جرار حسین شاہ بطور ڈی۔ جے کام کرتے تھے۔ایک دن انھوں نے مجھ سے کہا کہ آپ کا انٹرویو لینا ہے۔
میں بہت حیران ہوا کہ میں اس قابل کہاں ہوں کہ میرا انٹرویو ہوگا۔
انھوں نے جب موضوع بتایا تو میں نے ہامی بھر لی۔دراصل انھوں نے ''اپنے جذبات کا اظہار کیسے کرتے ہیں'' کے عنوان سے ایک پروگرام کرنا ہے تو انھوں نے مجھے مدعو کیا۔انھوں نے چوں کہ باقاعدہ انٹرویو کے لیے تیاری نہیں کی ہوئی تھی تو ان کے ایسے سوالات تھے جو ایک دو جملوں سے زیادہ کے جوابات کے نہیں تھے لیکن ہم نے اپنی بات کہ دی تھی۔ہمیں یاد ہے کہ اُس دن دس کے قریب ٹیلی فون کالز دو گھنٹوں میں آئی تھیں کہ سوال وجواب کے ساتھ ساتھ پاکستانی گانے چل رہے تھے۔
کچھ خواتین نے ہمیں مشورہ دیا کہ ہم باقاعدہ ڈی۔جے کے طور پر کام کریں۔
ہم نے کہا کہ اگر یہ کام کرلیا تو پھر ہمارے دوست کی چھٹی ہو جائے گی۔
ہم نے بعد ازاں دو مرتبہ ریڈیو چینل پر کام کرنے کے لیے ایڈیشنز بھی دیے تھے لیکن ہمیں مثبت جواب سے نہیں نوازا گیا تھا کہ شاید ہم اچھا ایڈیشن نہیں دے سکے تھے۔ہم نے ریڈیو پر پہلے انٹرویو کے دن یہ

ثابت کر دیا تھا کہ جو اچھا لکھ سکتے ہیں وہ عمدگی سے اپنی بات بول کر بیان کر سکتے ہیں۔

☆☆☆☆☆

معروف ادیب نوشاد عادل اور ماہنامہ انوکھی کہانیاں، کراچی کے مدیرِ اعلیٰ محبوب الٰہی مخمور کی جانب سے شروع کیے گئے ''قلم کتاب'' کے منصوبے پر میں نے اور فاکہہ قمر نے مضامین لکھ کر تحریریں وصول کرنے کا کام شروع کر دیا اور پھر دیکھتے ہی دیکھتے یقین ہونے لگا تھا کہ ''آپ بیتیاں۔ حصہ دوئم'' سے بڑھ کر یہ کتاب مقبولیت حاصل کرے گی۔ اسی دوران میں نے ''ابن آس تحریری مقابلہ'' میں بطور رابطہ کار کام کرنا قبول کیا۔ یہ سب کے لیے واضح پیغام تھا کہ میں ادب اطفال کے فروغ کے لیے کسی بھی فرد کے ساتھ کام کر سکتا ہوں۔ اگرچہ اس فیصلے سے چند احباب کو کچھ الجھن ہوئی تھی لیکن میں نے فیصلہ برقرار رکھا تھا جس کی بہت سی وجوہات تھیں۔ افسوس ناک بات یہ ہے کہ ''قلم کتاب'' سے ہٹ کر ''ابن آس تحریری مقابلہ'' کامیابی سے ہمکنار کرانا میرا وہ گناہ تھا جس نے مجھے بہت زیادہ تکلیف دی۔

اس تکلیف کا ذمہ دار کون تھا؟

اس پر بات نہیں کرنا چاہتا ہوں لیکن ادبی دنیا میں اچھا کر کے بھی اگر باتیں سنائی جائیں تو یہ بے حد غیر مناسب طرزِ عمل ہے خاص کر جب آپ کو سچائی کا علم نہ ہو اور آپ غلط فہمی میں دوسرے کو لتاڑ دیں۔ ایک ادیب کے منہ سے کچھ کلمات کو سنتے ہوئے میں نے اپنے کانوں کو ہاتھ لگا لیا تھا۔ پھر بھی اپنی عادت سے مجبور ہو کر سب کے لیے اچھا سوچتا ہوں کہ میں نے کبھی کسی کا بُرا نہیں چاہا ہے۔ افسوس کی بات ہے یہاں ہم جن کے لیے اچھا سوچیں تب بھی وہ کچھ کا کچھ سمجھتے ہیں۔

ایک تحریری مقابلے میں ایک انعام کی غلط تقسیم پر بات کی تو اُسے بھی کسی اور رنگ میں لے لیا گیا۔ مجھے ابھی تک کوئی درست طور پر نہیں سمجھ سکا ہے یہی وجہ ہے کہ میں نے جب بات کی تو اُسے حد سے تجاوز سمجھا گیا۔ جب کہ بات یہ ہے کہ اگر کوئی غلط بات کو غلط نہیں کہے گا اور کوئی اُسی بات کو غلط کہے گا تو کیا وہ غلط ہو گا۔ ہم سب کی اپنی اپنی سوچ ہے اگر کوئی کسی بات کو غلط کہتا ہے تو یہ ضرور دیکھ لینا چاہیے کہ واقعی بات غلط ہو۔ یہ لازمی نہیں ہے کہ کچھ کہنے والا ہی کسی انتقام کی وجہ سے ایسا کہہ رہا ہو۔

میں نے جب سوچ لیا کہ ''قلم کتاب'' کے منصوبے پر کام نہیں کرنا ہے۔ پھر میں نے مقررہ تاریخ تک وصول ہونے والی تحریریں ''قلم کتاب'' کی اشاعت کے لیے محبوب الٰہی مخمور کو ای میل کر دیں۔ اس حوالے سے میں نے پہلے خاموشی اختیار کر رکھی تھی لیکن پھر نوشاد عادل بھائی کو آگاہ کر دیا کہ مجھے اس منصوبے میں شامل نہیں ہونا ہے۔

مجھے ''آپ بیتیاں۔ حصہ دوئم'' کی تشہیر پر جو حسن کارکردگی ایوارڈ عطا کیا گیا، وہ کافی ہے۔

یہ لازمی نہیں ہے کہ ہر منصوبے میں اچھے ادیبوں کی شمولیت ہو، ہر ادیب اپنی ایک مخصوص ساکھ اور پہچان رکھتا ہے وہی زندہ رہنے والی شے ہے۔

''عظیم الشان منصوبے کسی ادیب کو زندہ و جاوید نہیں رکھ سکتے ہیں۔''

یہ بات کچھ عرصے تک جب ادیبوں کو سمجھ آجائے گی تو پھر خاموشی اختیار کر لی جائے گی کہ آپ کا کام سب سے اہمیت کا حامل ہوتا ہے کوئی بھی تاریخ ساز منصوبہ ادب میں کسی بھی شخصیت کو بعد از مرگ یاد رکھنے کے لیے کافی نہیں ہے۔ میری خواہش تھی کہ ''قلم کتاب'' کے لیے کام کروں اور تحریر بھی دوں لیکن نظریاتی اختلافات کے ساتھ چند اہم باتوں کو دیکھتے ہوئے میں نے اپنے ہاتھ کی لکھائی نہ دینے کا فیصلہ کر لیا اور میں نے نوشاد عادل کے کہے جانے کے باوجود تحریر دینا مناسب نہیں سمجھا کہ جو کچھ میرے کانوں نے سن لیا تھا۔ اس کے بعد ایسا کرنے کا مطلب تھا کہ میں اپنی نگاہوں میں گر جاؤں۔

عرفان حیدر نے کسی سے کچھ باتیں سننے کے بعد اپنی تحریر کو شائع نہ کرنے کا کہا تھا۔ وہ جب شائع کی گئی تو اس نے اپنی تحریر کو سب کے سامنے نہیں رکھا۔ میرے لیے عرفان حیدر بہت خاص انسان ہے جو حقیقت پسند ہے اور سچائی سے محبت رکھتا ہے۔ عرفان حیدر کبھی کبھی لگتا ہے کہ میرا عکس ہے۔ میں نے زندگی میں بہت کم ایسا کیا ہے کہ کسی کے ساتھ کچھ غلط کیا ہو، البتہ یہ ہوسکتا ہے کہ جان بوجھ کر ستانے یا پھر کچھ وجوہات کی بنا پر تفریح کی خاطر لوگوں کو تنگ کر لیا ہو لیکن یہاں تو آپ کے ساتھ بھلائی بھی کر لیں تو بھی لوگ آپ کے پیچھے پڑ جاتے ہیں کہ آپ نے فلاں کے ساتھ نیکی کی جرات کیسے کر لی ہے؟

☆☆☆☆☆

محبوب الٰہی مخمور، ماہ نامہ انوکھی کہانیاں، کراچی کے مدیر اعلیٰ ہیں۔ انھوں نے 25 جولائی 2021 کے دن مجھے یہ کہہ کر حیران کر دیا تھا کہ میری آپ بیتی شائع ہو رہی ہے۔ انھوں نے مجھے سرورق دکھایا تو میں چند لمحوں کے لیے ساکت ہو گیا کہ میری آپ بیتی شائع ہو رہی ہے۔ یہ میرے لیے ایک اعزاز ہے کہ جولائی 2019 سے ادب اطفال میں جو سفر شروع ہوا وہ اگست 2021 میں بچوں کے رسالے میں آپ بیتی (مختصر حالات زندگی) کی اشاعت تک لے آیا۔

یہ کوئی معمولی کارنامہ نہیں تھا۔

میں نے تو بس ٹوٹے پھوٹے لفظوں میں روداد بیان کر دی تھی لیکن نیلم علی راجہ، عارف مجید عارف، حنا راحت، فاکہہ قمر، عیشاء صائمہ، سحرش اعجاز، سیدہ رابعہ ہاشمی، شیر محمد رحمانی، عرفان حیدر، تہنیت افتخار، علیشہ چوہدری، حسن آراء اور طیبہ زاہد نے کھلے عام تبصروں میں اس کو پسند کیا جو کہ بطور قلم کار میرے لیے آکسیجن ہے کہ پذیرائی آپ کو مزید آگے بڑھنے اور کچھ کر دکھانے پر مائل کرتی ہے۔

ان کے علاوہ بھی قارئین نے سراہتے ہوئے داد دی جو کہ میرے لیے ایک اعزاز ہے۔ محبوب الٰہی مخمور جس طرح سے اکیلے مسلسل تیس سالوں سے ماہ نامہ انوکھی کہانیاں کو شائع کر رہے ہیں وہ اپنی جگہ بڑی اہمیت کا حامل ہے اور نوجوانوں کے لیے ایک مثال ہے کہ کوئی بھی آپ کے ساتھ نہ ہو تو بھی آپ بہت کچھ کر سکتے ہیں۔ نوشاد عادل بھائی نے حالات زندگی لکھنے کا کہا اور پھر ماہنامہ انوکھی کہانیاں میں اس کی اشاعت نے زندگی کو ایک دم سے بدل دیا۔ نامور ادیبوں کی بھرپور پزیرائی نے اتنا حوصلہ بڑھا دیا کہ مزید محنت کر کے اپنی زندگی میں کچھ منفرد کرنے کا عزم بنا لیا۔ جب میری پہلی کتاب ''قسمت کی دیوی'' سامنے آئی اور انھی میں سے کئی ادیبوں نے اُسے خریدنا تک مناسب نہیں سمجھا تب احساس ہوا کہ حقیقی پزیرائی کیا ہوتی ہے اور محض الفاظ سے کسی کو سراہنا کیا ہوتا ہے۔

میری ماہ نامہ انوکھی کہانیاں میں شائع ہونے والے حالات زندگی نے جتنی مقبولیت حاصل کی۔ اس پذیرائی کے حقدار محبوب الٰہی مخمور اور نوشاد عادل ہیں جنھوں نے حالات زندگی شائع کیے، میری سچائی

لکھنے کی اہمیت اپنی جگہ ہے لیکن اگر یہ شائع نہ کیے جاتے تو پھر کیا ہوتا؟

یہ اس لیے کہہ رہا ہوں کہ ہمارے ہاں تو کہانیاں تک روک لی جاتی ہیں۔ اگر کسی کے حالات زندگی نہ شائع کیے جائیں تو کوئی کیا کرسکتا ہے۔ یہاں نوشاد عادل کا تذکرہ ضروری ہے کہ وہ نہ کہتے کہ حالات زندگی لکھو تو یہ کب لکھی جانی تھی لیکن یہ شاید کسی کے علم میں نہیں تھا کہ یہ اتنی مقبولیت حاصل کرے گی۔

یہ اللہ کی مجھ پر کرم نوازی ہے جس پر جتنا شکر ادا کروں کم ہے۔

''آپ بیتیاں حصہ۔ دوئم'' میں بھی میرے حالات زندگی شامل ہیں یہ میرے لیے خاص یوں ہے کہ کئی نامور ہستیوں کے ساتھ میری زندگی کے واقعات کتاب کا حصہ بنے ہیں اور بطور معاون مدیر بھی نام کتاب پر جلوہ گر ہوا۔ یہ دل چسپ بات ہے کہ میری اولین کتاب آنے سے قبل میرا نام ادیبوں کی کتب اور''آپ بیتیاں حصہ۔ دوئم'' پر جلوہ گر ہوا۔

میرے علم میں آیا ہے کہ ادبی دنیا میں کسی کے خلاف کچھ کرنا ہو تو اس کی تحریروں کی اشاعت کو روک دیا جاتا ہے اور یہ اس بات کا واضح ثبوت ہے کہ کوئی آپ کی کامیابی کو دل سے پسند نہیں کر رہا ہے اور اس کی خواہش ہے کہ آپ کی پیش قدمی روک دیں تا کہ آپ وہ مقام حاصل نہ کرسکیں جو آپ کو ملنا ہے۔

یہاں میں ایک بات کا اعتراف کروں گا کہ میرے ساتھ جب بھی ایسا ہوا کہ میری کسی کہانی کو بلا وجہ روکا گیا تو میں نے مدیر سے استفسار کرنا ضروری نہیں سمجھا۔ کچھ مدیران کے ساتھ اچھے تعلق کی وجہ سے کبھی پوچھ لیا ہو تو اور بات ہے لیکن میں نے یہ بات محبوب الہی مخمور صاحب کو واضح کردی تھی کہ میں ان ادیبوں میں سے ہوں جن کی تحریر جلدی شائع ہو یا تاخیر سے ان کو کوئی مسئلہ نہیں ہے کہ ہمارا کام لکھنا ہے اور سب کو مسلسل اور برابری کی سطح پر مواقع دیں۔ یہ کہاں کا انصاف ہے کہ کسی ادیب کی کہانیاں شائع ہوتی رہیں، ترجمہ نگاری کی حامل کہانیوں کو زیادہ جگہ دی جائے اور جو طبع زاد کہانیاں لکھتے ہیں۔

ان کو سزا دی جائے کہ آپ نے اتنا اچھا کیسے لکھ لیا ہے؟

میں اس بات کا اعتراف کروں گا کہ جن شاگردوں کی کہانیوں کو میں نے معمولی نوک پلک درست کر کے دیں ان کو فوری طور پر قابل اشاعت کر دیا گیا لیکن جب میری کہانی پر نظر پڑی تو اُسے تاخیر کا

شکار کر دیا گیا۔ یہ بھی علم میں آیا ہے کہ اگر کوئی اپنے نام سے کہانی یا نظم ارسال کرے تو شائع نہیں ہوتی ہے لیکن کوئی اپنے نام کو بدل کر ارسال کرے تو وہ فوری طور پر قابل اشاعت بن جاتی ہیں۔ یہ ایک قابل گرفت عمل ہے جس پر بھرپور انداز میں سب کو مل کر بات کرنی چاہیے لیکن افسوس یہاں ''ہم لکھاری ہیں'' کا دعوا کرنے والے بھی ایک دوسرے کی جڑیں کاٹنے کو تیار بیٹھے ہیں اور ادب کا فروغ کا دعوا کرنے والے کسی اور کی فیس بک پوسٹ اپنی ادبی محفل میں برداشت نہیں کر سکتے ہیں تو اور کیا کچھ وہ کریں گے۔

ہم یہی کہ سکتے ہیں کہ یہ ادب میں بھرپور بے ادبی کی مثالیں ہیں جن کو اُجاگر کرنے کی ضرورت ہے کہ جب تک غلط اور برائی کو ٹھیک کرنے کی کوشش نہیں ہوگی۔ سب کے چہرے آب زم زم سے دھلے ہی محسوس ہونگے۔

نامور ادیبہ ''قانتہ رابعہ'' کی انوکھی کہانیاں میں شائع آپ بیتی پر رائے نے تو آنکھیں نم کرائی تھیں۔

انھوں نے کچھ یوں پزیرائی دی۔

''انوکھی کہانیاں کے ذوالفقار علی بخاری کی آپ بیتی والے نمبر میں ان کی آپ بیتی اب تک کی تمام ادیبوں کی کہانیوں سے ہٹ کر اور منفرد ہے۔ جہد مسلسل کی داستان پہلا قدم اٹھانے سے پہلے کے حالات اور پہلا قدم اٹھانا کتنی توانائی طلب کرتا ہے یہ اسی آپ بیتی سے پتہ چلتا ہے۔حق لینے کے لیے انسان کو کس حد تک اصولوں کا پابند ہونا چاہیے۔ مشکلات ایک شرمیلے اور کم گو بچے کو کیسے مضبوط بناتی ہیں۔یقین کیجئے یہ آپ بیتی نہیں ہمارے معاشرے میں بہت سے لوگوں کے چہرہ کی نقاب کشائی ہے۔ عظیم کردار بننے کے لیے وہ سب کچھ سہنا پڑتا ہے جو بخاری صاحب نے برداشت کیا۔ اس پر ایک جاندار سلیوٹ مارنے کو دل چاہتا ہے۔''

مجھے ''آپ بیتیاں۔ حصہ دوئم'' جس میں تیس نامور ادیبوں اور مدیران کی آپ بیتیوں شامل ہیں کے لیے بطور معاون مدیر کام کرنے کا موقع ملا تو اُس کی تشہیر کو بھرپور انداز میں کرنے کے لیے تشہیری کہانی لکھنے کا خیال آیا جو کہ اپنی طرز کا ادب اطفال میں ایک منفرد تجربہ ہے۔''آپ بیتیاں۔ حصہ دوئم'' کے

مدیران محبوب الٰہی مخمور اور نوشاد عادل تھے۔ اس تاریخ ساز کتاب کی بھرپور فروخت میں اس کی تشہیر نے اہم ترین کردار ادا کیا۔ اب چاہے اس کی لاکھ تردید کی جائے لیکن ہم سمجھتے ہیں کہ کسی بھی کتاب کی بہترین فروخت بہترین مواد اور تشہیر کے بنا ممکن نہیں ہے اور جن کا اس میں کردار ہوا سے کھلے عام تسلیم کیا جانا چاہیے۔ ''آگ کا دریا''، ''راجہ گدھ'' اور دیگر ناولز اور کتب بھی خوب فروخت ہوتے رہے ہیں لیکن ایک ایسی کتاب جس میں حالات زندگی ہوں وہ مطالعے کا شوق رکھنے والوں کے علاوہ دیگر احباب کی نظروں میں تب آئے گی جب اس کی تشہیر خوب ہو۔

ایک قاری کوئی کتاب پڑھ کر جب دوسرے قاری کو کتاب کے حوالے سے معلومات دیتا ہے تو یہ بھی ایک طرح کا تشہیری عمل ہے جس کی بدولت وہ قاری کتاب کو خریدتا ہے۔ مجھے اُس دن بڑی حیرت ہوئی جب میری ایک قاری نے ''قسمت کی دیوی'' کو پڑھا اور پھر اس نے اپنی دوست کو وہ کتاب بطور تحفہ ارسال کی۔ ہمارے ہاں تو کچھ ادیبوں کو کتب کی تشہیر بھی قابل نفرت محسوس ہوتی ہے کہ اس طرح سے ان کی کتب کی بجائے کسی نئے لکھاری کی کتاب زیادہ فروخت ہوتی ہے۔

یہ نئے اور پرانے ادیب کی لڑائی بہت پرانی ہے۔ ہمارے ہاں مخصوص ادیبوں کے سوا عام لوگ کتنے دیگر ادیبوں کو جانتے ہیں یہ مجھ سے زیادہ بہتر کوئی اور نہیں جان سکتا ہے۔ جب آپ مخصوص ادیبوں کے حوالے سے ہی برسوں لکھتے رہیں گے اور دور حاضر کے ادیبوں کو اہمیت نہیں دیں گے تو پھر کون ماضی کے ادیبوں کو یاد کرتا رہے گا کہ زندہ ادیبوں کو آپ گھاس نہ ڈالیں اور ماضی کو اُٹھائے پھریں۔ جب تک آپ آج کے ادیبوں کو سامنے نہیں لائیں گے تب کیسے کوئی ان کے بارے میں جان سکتا ہے۔

ایک ادیب کے بقول ''نئے ادیب کچھ خاص کریں گے تو پھر ان پر کام کریں گے۔''

ماضی کے ادیب گزر گئے ہیں ان کا کام اپنی جگہ اہمیت رکھتا ہے لیکن یہ تو نہیں ہونا چاہیے کہ آپ ان کے عشق میں دور حاضر کے ادیبوں کی خدمات کو بھول ہی جائیں اور سراہنے کو اہمیت نہ دیں۔ اسی طرح سے اگر اچھے کام کی تشہیر نہیں ہوگی تو کیسے کسی کو علم ہوگا کہ کچھ اچھا ہوا ہے؟

جب یہ علم ہوگا کہ کچھ اچھا کیا گیا تو ہی تو لوگوں کو اس کی اہمیت کا اندازہ ہوگا اور جب اندازہ ہوگا تو پھر

کام کی قدر و قیمت بڑھتی جائے گی۔ یہ نہیں کہا جا سکتا ہے کہ ایک اچھا کام کرلیا جائے تو پھر وقت گزرنے کے ساتھ اس کی اہمیت پتا چلے گی یہ فلسفہ میرے نزدیک اہمیت نہیں رکھتا ہے۔'' آپ بیتیاں ۔حصہ دوئم'' کی تشہیر نے مجھے ''تشہیر کہانی'' سلسلے پر کام کرنے پر اُکسایا کہ کہانی، کہانی میں تشہیر کر دی جائے۔

تشہیر سے یاد آیا یہاں تو یہ بھی لوگ بھول جاتے ہیں کہ کس نے کب اور کیا کسی کتاب کے حوالے سے مضمون لکھا تھا، اب کیا اس کے لیے بھی ہمیں تشہیر کروانی پڑے گی کہ کسی نے کیا کچھ کسی کے لیے کیا اور آپ نے کیا سے کیا کر دیا۔

آپ جانتے ہیں کہ انسان کو ازل سے ہی جاننے کا شوق رہا ہے اور یہی وہ عمل تھا جس نے کہانی کو جنم دیا۔آپ اور ہم اپنی زندگی میں کئی سچی اور فرضی کہانیاں پڑھتے ہیں اور انھی کی بدولت بہت کچھ سیکھتے ہیں ۔ اکثر ادبی دنیا میں نوجوان اچھی کہانی لکھ کر اپنا نام بنانے کے خواہشمند ہوتے ہیں وہ نامور ادیبوں کی کہانیوں کو پڑھ کر کہانی لکھنا سیکھ جاتے ہیں ۔ ہر کہانی کا ایک مقصد ہوتا ہے لیکن کچھ کہانیاں ایسی ہوتی ہیں جو مخصوص پیغام دینے کے لئے لکھی جاتی ہیں جس سے پڑھنے والے بہت کچھ سیکھتے ہیں ۔

''تشہیر کہانی'' بھی ایک ایسا ہی سلسلہ ہے۔

راقم السطور کی نظر میں ''ایسی کہانی جو کسی بھی تشہیری مقصد کے لئے لکھی جائے گی وہ ''تشہیر کہانی'' کہلائی گی''۔اس میں کسی بھی رسالے کے خاص نمبر، کسی بھی ادیب کی نئی آنے والی کتاب، کسی ادبی سرگرمی یا رسالے کے حوالے سے معلوماتی تشہیری کہانی لکھی جا سکتی ہے جس کا مقصد اُس کے بارے میں پڑھنے والوں کو آگاہ کرنا ہے۔اگر چہ اس حوالے سے نقد و تبصرہ بھی اپنا کردار ادا کر رہے ہیں لیکن تشہیر کہانی عام قارئین پڑھ کر اپنی کوئی رائے قائم کر سکتے ہیں جس سے ادب کے فروغ میں بھرپور مدد مل سکتی ہے۔جس طرح سے کاروباری اشتہارات ہوتے ہیں اسی طرح سے تشہیری کہانیاں لکھی جا سکتی ہیں جو کاروباری اشتہارات کی مانند اپنا پیغام پڑھنے والوں تک پہنچا سکتی ہیں تاہم اس کے لئے ضروری ہوگا کہ کہانی کے عنوان کے ساتھ لفظ تشہیر کہانی یا تشہیری کہانی ضرور لکھا جائے تا کہ ادیبوں سے ہٹ کر کوئی

عام قاری پڑھے تو اسے علم ہو سکے کہ تشہیری کہانی ہے، اگر ایسا نہ کیا جائے تو عام قاری یہی سمجھے گا کہ قلم کار نے لفظوں کے ہیر پھیر سے صفحات بھرے ہیں۔ اس طرح کی کہانیوں کو شائع کرنے والے رسائل کے مدیران تک کو یہ خیال رکھنا چاہیے بصورت دیگر ان کی ساکھ متاثر ہوگی اور قلم کار پر بات بعد میں آئے گی کہ اُس نے کیا لکھ دیا ہے کیونکہ تشہیر کہانی اپنا ایک مخصوص روپ رکھتی ہے اور اس کا ذائقہ ہر ایک کو پسند نہیں آ سکتا ہے۔ یاد رکھیں کہ آج کے دور میں تشہیر بے حد ضروری ہو چکی ہے اس کے بغیر نہ تو کوئی رسالہ بھرپور فروخت ہو سکتا ہے اور نہ ہی کسی عام سے عام چیز کو خریدنے پر گاہکوں کو مائل کیا جا سکتا ہے۔ راقم السطور کی خواہش ہے کہ ادب کے میدان میں تجربات کرنے چاہیں۔ اسی سے مزید فروغ حاصل ہوگا۔ تشہیر کہانی ضرور لکھیں لیکن اس حوالے سے لکھنے والے یا لکھوانے والے یہ بات یاد رکھیں کہ چونکہ تشہیر سے مالی طور پر نفع ہو سکتا ہے تو اس کا اعزاز یہ ضرور ملنا چاہیے کیوں کہ تشہیر کہانی اگر عمدگی سے اپنا پیغام پہنچائی گئی تو پھر قلم کار کو بھی کچھ نہ کچھ نفع پہنچنا چاہیے تاہم جواز خود ادب کے فروغ کے لئے لکھیں اُن پر کسی طرح کی قدغن نہیں لگائی جا سکتی ہے۔

میں نے پہلی تشہیر کہانی فیس بک پر بعنوان ''پہلی سیڑھی'' بتاریخ 29 ستمبر 2021 لکھی جسے خوب پذیرائی ملی۔ اُس کے بعد ایک مختصر کہانی ''تحفہ'' اور پھر گلدستہ ٹوٹ بٹوٹ کے ''لائبریری نمبر'' کے لیے لکھی جانے والی کہانی ''علم کا خزانہ'' نے بھرپور پذیرائی حاصل کی۔ یہ کہانیاں ویب سائٹس (ہماری ویب ڈاٹ کام اور پرتلپی اُردو)، الفجر ڈیجیٹل میگزین، بھارت اور ڈیلی حالات نیوز، بھارت میں شائع ہو چکی ہیں۔ میرے علاوہ کئی لکھاری تادم تحریر تشہیری کہانیاں لکھ چکے ہیں جو کہ میرے لیے اعزاز ہے کہ ادب اطفال میں نئے رجحان کے سلسلے کو انھوں نے اپنی تحریروں سے عزت بخشی ہے۔ اس حوالے سے مہوش اسد شیخ کا نام اہمیت کا حامل ہے کہ یہ مسلسل تشہیری کہانیاں لکھ رہی ہیں۔

محمد جعفر خونپوریہ نے فیس بک ادبی محفل ''سرائے اُردو'' میں تشہیر کہانی مقابلہ کروا کر میرے تشہیر کہانی سلسلے کو پذیرائی کا حامل ٹھہرایا ہے۔ انھوں نے باقاعدہ پاکٹ سائز کہانیاں ''ڈینگی ڈریکولا، اور، ببلی اور پی جی او ٹائیگر شائع کیں جو کہ میرے تشہیر کہانی کو ہمیشہ کے لیے امر کر گئے ہیں کہ وہ اسی آئیڈیے کی

جدت آمیز صورت ہیں۔ان میں ایک ادارے کی مصنوعات کا تذکرہ کر کے تشہیر کی گئی ہے۔

میری ایک تشہیری کہانی ''وہ خاص دن'' مناسب وقت پر شائع ہوگی۔ان شاء اللہ تعالیٰ

☆☆☆☆☆

میں نے ایک مختصر عرصے میں ادبی دنیا کے کئی روشن ستاروں کی حقیقت دیکھی ہے وہ میرے پاؤں تلے سے زمین نکالنے کے لیے کافی ہے۔لیکن یہاں ایسے افراد بھی ہیں جو آپ کو کامیابی کی طرف لے جاتے ہیں ہمیں ایسے احباب کی قدر کرنی چاہے کیوں کہ یہی ہماری زندگی میں بہترین محسن ہونے کا حق ادا کرتے ہیں۔اپنے محسن محمد جعفر خونپوریہ کا شکریہ ادا کرتا ہوں جنھوں نے سال 2022 میں ''باغی''، ''موت کا فرشتہ''، ''میں اقبال ہوں'' اور ''منکومیاں'' نامی پاکٹ سائز کہانیوں کو شائع کر کے مجھے اُن ادیبوں کی فہرست میں شامل کرا دیا جن کی پاکٹ سائز کتب شائع ہوئیں اور مقبولیت حاصل کی۔

جعفر صاحب سے لیا جانے والا انٹرویو روزنامہ شہباز، پشاور میں 11 اگست 2022 کو شائع ہوا جس نے مجھے بہت خوشی دی تھی کہ میں نے ایک ادب اطفال کے خاموش خادم کو خراج تحسین پیش کیا۔

میں نے ادبی مقابلوں میں ناانصافی ہوتے دیکھی ہے اور پزیرائی بھی لیکن یہ بات بہت دکھی کر دینے والی ہے کہ جب آپ کسی کو ہدف بنا کر یا جان بوجھ کر کسی باصلاحیت نوجوان کو تکلیف دیتے ہیں تو وہ زندہ درگور ہو جاتا ہے اور بعد ازاں دلبرداشتہ ہو کر ادب کی دنیا سے ہی کنارہ کشی اختیار کر لیتا ہے۔کچھ تو ایسے انداز میں ہراساں کرواتے ہیں تا کہ کوئی لکھنے والا اپنی ذات کو نشانہ بنتے دیکھے تو میدان ہی چھوڑ کر چلا جائے یہ کون لوگ ہو سکتے ہیں یقینی طور پر بے ادب لوگ ہونگے۔

ایک قصہ مجھے عارف مجید عارف بھائی نے سنایا تھا کہ کس طرح سے وہ دلبرداشتہ ہو کر لکھنے سے تائب ہو گئے تھے۔یہ وہی لوگ ہیں جو درحقیقت ادب کی دنیا میں بے ادبی کے مرتکب ہو رہے ہیں لیکن کوئی ان پر انگلی نہیں کر سکتا ہے کہ پھر آپ پر رسائل کے دروازے بند کرا دیے جاتے ہیں۔

میں نے کہانی لکھنے کے ایک مقابلے میں حصہ لیا تھا لیکن نا جانے ایسا کیا ہوا تھا کہ میری کہانی کو ایک فیس بک ادبی محفل کے منتظمین نے ناکردہ جرم میں سزا دینے کا سوچ لیا اور میری کہانی کئی گھنٹوں تک

پڑھنے والوں کی نظروں سے اوجھل رہی تھی۔ جب اس کی منتظم خاتون سے وجوہات دریافت کیں تو وہ آج تک آگاہ نہیں کی گئی ہیں۔اس کے بعد ان کی جانب سے میری ادبی محفل کے نام کو لے کر کافی عرصہ تک عزت افزائی کی گئی لیکن میں نے ''مماثلت'' کے عنوان سے مضمون لکھ کر جو کچھ سمجھایا تھا۔اس کے بعد ادب کے فروغ کے وسیع تر مفاد کو دیکھتے ہوئے مجھے تنگ نہ کرنے کا فیصلہ کرلیا گیا لیکن بعدازاں ایک صاحب نے ہمیں تین روزہ بین الاقوامی کانفرنس 2022 میں اس حوالے سے شکایت کی تھی۔

دل چسپ بات یہ ہے کہ مذکورہ کہانی ''جشنِ آزادی'' ستمبر 2022 میں کچھ اضافے کے ساتھ ماہ نامہ پھول، لاہور کے ''یوم دفاع پاکستان نمبر'' کے خاص شمارے کا حصہ بنی۔

میں نے اپنے ساتھ ہونے والے سلوک کو دیکھتے ہوئے وہ محفل چھوڑ دی اور اُس دن کے بعد پھر کبھی اُس محفل میں گھسنے کی کوشش نہیں کی۔ میں نے اس حوالے سے فیس بک پر پوسٹ لگائی تو ایک مہربان سمجھانے آئے لیکن میں نے اُن سے سمجھنا گوارہ نہ کیا۔اُن دنوں میرا ساتھ بہت کم ادیبوں نے دیا تھا کہ بھلا کب کوئی کسی نئے قلم کار کے لیے اپنے بہترین تعلقات کوخراب کرتا ہے لیکن بعد میں ان سب کو پتا چل چکا ہے کہ جس کو ہلکا لیا گیا تھا وہ کتنا بھاری بھرکم ہے۔ جو مجھے سمجھانے آئے تھے،انھوں نے مجھے ایک کتاب بھی بطور تحفہ ارسال کی تھی اور اس کی رقم بھی وصول نہیں کی تھی حالاں کہ جنھوں نے کہا تھا وہ ادائیگی کرنے کو تیار تھے۔اُس دن کے بعد میں نے یہ بات سمجھ لی ہے کہ یہ لازمی نہیں کہ ہمارے کسی کے ساتھ تعلقات خراب ہوں تو سب اپنے تعلق ختم کرلیں کچھ وفاداری نبھانے یا پھر آپ کے بہترین مستقبل کے لیے بھی آپ کوسمجھانے آسکتے ہیں۔اُسی محفل کے معروف شاعر کو بذریعہ ای میل انٹرویو کے لیے سوالنامہ ارسال کیا تھا جو ہنوز جوابات کا منتظر ہے۔

اب میں کیا کہوں! یہ ادبی دنیا میں ادب کے فروغ کے لیے کام کرنے والوں کا حال ہے۔ پاکستان میں بچوں کے ادب کی تباہی میں کچھ ادیبوں کا کردار بھی ہے۔ میں تسلیم کرتا ہوں اور مجھے بطور ادیب شرمساری محسوس ہوتی ہے کہ ہم دوسروں کواچھائی کا درس دینے والے اپنا آپ آئینے میں نہیں دیکھ سکتے

ہیں کہ ہماری وجہ سے کئی شعراء کرام اور کہانی نویس ادب سے دور چلے جاتے ہیں۔

مجھے یقین ہے کہ مذکورہ ادبی محفل میں مجھے بہت ہلکا لیا گیا تھا جس کی وجہ سے مجھے روندنے کی کوشش ہوئی تھی لیکن آنے والے وقت نے اُن منتظمین کے ساتھ ساتھ بہت سے احباب کو سمجھا دیا ہے کہ میں اوروں جیسا نہیں ہوں، اس لیے مجھ سے نہ الجھا جائے۔

بقول نامعلوم شاعر

لب پر میٹھے میٹھے بول

دل میں کینہ، بُغض، ریا

نیت میں ازلوں سے کھوٹ

لفظوں کا بیوپار کریں

مطلب ہو تو پیار کریں

جھوٹے دعوے یاری کے

شُعبدے ہیں مکاری کے

وقت پڑے تو کُھلتے ہیں

اُونچے قد کے ''بونے لوگ''

میں نے ایک مقابلے کے لیے بطور رابطہ کار کام کیا تو مجھے کیا کچھ سہنا پڑا، وہ بیان نہیں کرنا چاہتا ہوں لیکن بس اتنا کہوں کہ بطور ادیب خود کو سچا کھرا کہنا اور دعوا کرنا اور بات ہے اور عملی طور پر خود کو پیش کرنا اور بات ہے۔ میری دیگر ادیبوں سے نظریات کی بنیاد پر جنگ ہوسکتی ہے لیکن بطور ادیب میں دوسروں کی سوچ اور ان کی شخصیت کا احترام کرنا ضروری سمجھتا ہوں۔ لیکن دوسرے ایسا نہیں کرتے ہیں کوئی کچھ اور کوئی کچھ کہہ کر پکارتے ہیں۔ یہاں ''نمک حلال'' بننے کے لیے آپ کو ضمیر فروش بننا پڑے گا بصورت دیگر آپ ''نمک حرام'' کہلائے جائیں گے۔

آپ ادبی دنیا میں نئے ہیں تو ایک بات یاد رکھ لیجیے کہ کبھی اپنے ضمیر کا سودا نہ کریں وگرنہ آپ کہیں کے

نہیں رہیں گے اور کوئی آپ کو استعمال کر کے ردی کی ٹوکری میں پھینک دے گا۔

یہ میرا ذاتی تجربہ ہے کہ محض ایک کاغذ کے ٹکڑے یعنی سند کے لیے دس باتیں سنا دی گئی تھیں۔

اگر چہ دل دُکھانے والے احباب کو معاف کر چکا ہوں لیکن ان کی منفی سوچ اور شخصیت کا منافقانہ روپ میرے لیے شرمناک ہے یہی وجہ ہے کہ بعد ازاں سند ملنے پر میں نے اُسے عیاں کرنا مناسب نہیں سمجھا کہ مجھے مقابلے کے اختتام پر وہ بھر پور پزیرائی نہیں دی گئی جو بطور رابطہ کار میرا حق تھا۔

یہاں میں نئے لکھنے والوں کو ضرور یہ کہنا چاہوں گا کہ آپ اپنی صلاحیتوں کو منوانے کے لیے کسی بھی ادبی مقابلے میں شرکت کریں لیکن آپ جیت کی امید نہ رکھیں اور اپنے کام کی بنا پر دوسروں سے زیادہ توقعات وابستہ کریں۔آپ اپنا کام بس دیانت داری سے پیش کریں اور نتائج کو اللہ تعالیٰ کی ذات پر چھوڑ دیں۔اُس کے بعد جو بھی ہو وہ قبول کر لیں۔

میں نے اپنے ساتھ ہونے والی ناانصافی کو دیکھتے ہوئے فیس بک ادبی محفل ''سرائے اُردو'' میں نئے قلم کاروں کو حوصلہ افزائی دینا شروع کر دی۔اگر چہ بہت سے احباب یہ بات سمجھتے ہیں کہ ابھی مجھے اصلاح کی ضرورت ہے اور مجھے بہت کچھ سیکھنا چاہیے تاہم یہ بات یاد رکھنے کی ہے کہ سیکھنے کا عمل تو ہمیشہ جاری رہتا ہے تو کیوں نہ ہم خود ہی کچھ نہ کچھ عطا کرتے رہیں اور زندگی سے خود بھی کچھ سیکھتے رہیں تاکہ ہم کامیاب زندگی جی سکیں۔اسی ادبی محفل میں مختصر آپ بیتی مقابلے کا آغاز کروایا جس نے میری سوچ سے بڑھ کر کامیابی حاصل کی، محض پندرہ دنوں میں لگ بھگ 54 مختصر آپ بیتیاں لکھی گئیں اور مقابلے کو چار چاند لگا دیے۔قیام پاکستان سے لے کر 2021 تک شاید ہی کسی مقابلے میں اتنی بڑی تعداد میں مختصر ہی سہی کسی آپ بیتیاں مقابلے کے لیے آپ بیتیاں لکھی گئی ہوں گی۔اس مختصر آپ بیتی مقابلے نے ایک بار پھر مجھے باور کروایا ہے کہ آپ اگر نئے لکھنے والوں کو برابری کی سطح پر مواقع دیں تو اُن میں آگے بڑھنے کا جذبہ بیدار ہوتا ہے۔اس مقابلے میں شامل ہونے والی آپ بیتیوں کو ماہ نامہ انوکھی کہانیاں، کراچی ''مختصر آپ بیتیاں'' کے خاص نمبر کے تحت دسمبر 2021 اور جنوری 2022 شائع کر چکا ہے جس پر محبوب الٰہی مخمور کا مشکور ہوں کہ انھوں نے میرے ''مختصر آپ بیتیاں'' لکھنے کے

آئیڈیے کو پزیرائی دی اور اداریے میں بھی حوصلہ افزائی کی۔محبوب الٰہی مخمور صاحب کی جانب سے فوری طور پر آئیڈیے کی منظوری یہ بھی ظاہر کرتی ہے کہ جب بھی ادب کے فروغ کے لیے مناسب خیال پیش ہو۔اسے فوری طور پر عمل درآمد کے لیے منتخب کرلیا جائے۔ہمارے ہاں عمدہ آئیڈیے رکھنے والے سوچتے رہ جاتے ہیں اور بعد ازاں کہتے ہیں کہ بھئی یہ تو ہمارا آئیڈیا تھا کسی نے ''چرا'' لیا ہے۔ہم کہتے ہیں کہ بھئی دل تھوڑی تھا جو چوری ہوگیا ہے۔اگر آپ اپنے محبوب انسان سے دل کی بات کہنے میں دیر کردیں اور کوئی موقع سے فائدہ اُٹھالے تو آپ یہ تو نہیں کہہ سکتے ہیں کہ ''محبوب'' کو ہی خیال کرنا چاہیے تھا، واقعی یہاں محبوب کے درجے پر فائز کرنے والے ہی محبوب کو سب کے سامنے رسوا کرواکر یہی دعوا کرتے ہیں وہی سب سے بڑے محبوب ہیں، یہ ایک المیہ ہے۔

سرائے اُردو کی ادبی محفل میں ہونے والے اس مختصر آپ بیتی مقابلے کے بعد بہرام علی وٹو، عطاءالسلام سحر، عرفان حیدر، سحرش اعجاز اور فاکہہ قمر ادبی دنیا کے اُفق پر ابھر کر سامنے آئے ہیں جو میرے لیے اعزاز کی بات ہے۔مجھے نئے لکھنے والوں کے ساتھ ساتھ نامور ادیبوں کی جانب سے مسلسل پزیرائی ملتی رہی ہے لیکن اگر سچ بات کہوں تو مجھے نئے لکھنے والوں خاص کر قارئین کی حوصلہ افزائی پسند ہے کیوں کہ مجھے یہ محسوس ہوتا ہے کہ دل سے ایسی دعائیں دیتے ہیں جو قبولیت پاکر میری طاقت میں اضافہ کرتی ہیں۔

☆☆☆☆☆

راج محمد آفریدی کی اولین کتاب ''سورج کی سیر'' پر جب مجھے رائے لکھنے کا کہا گیا تھا تو میں حیرت زدہ ہوگیا تھا کہ راج محمد آفریدی مجھے اتنی عزت افزائی دے رہا ہے۔راج محمد آفریدی نے اولین دن سے اپنی محبت میں یوں گرفتار کیا ہے کہ مجھے محسوس ہوتا ہے کہ شاید میرا ہم زاد ہے۔راج محمد آفریدی کو میں نے ''سورج کی سیر'' کا عنوان اُس کی اولین کتاب کے لیے تجویز کیا تھا۔

میرا یہ ماننا ہے کہ کہانی یا کتاب کا عنوان قاری کو کہانی یا کتب کی جانب متوجہ کرتا ہے جو اچھا عنوان نہیں رکھیں گے۔ان کی تحریر یا کتب کو کوشاید ہی کوئی پڑھنا پسند کرے۔''قسمت کی دیوی'' کے نام سے کتاب لانے کا فیصلہ بھی اسی وجہ سے کیا تھا بصورت دیگر یہ جانتا ہوں کہ جو مذہبی رجحان کے لوگ ہیں وہ اس

نام کو شاید ناپسندیدگی کی نظر سے دیکھیں لیکن یہ میرا یقین ہے کہ جب ایسے احباب اس کتاب کا مطالعہ کریں گے تو وہ نام کو بھول جائیں گے اور اس کے پیغام کو یاد رکھیں گے۔

''انٹیک کار'' کے لیے بھی راج محمد آفریدی نے کچھ لکھنے کا کہ کر تعلق کو مزید مستحکم کر دیا یعنی راج محمد آفریدی کی اولین دو کتب میں میرے لکھے گئے دیباچے ہیں اور اس اعزاز کے فی الوقت راج محمد آفریدی ہی حقدار ٹھہرے ہیں۔ اسی طرح سے عیشاء صائمہ کی ''محبتوں میں حساب کیسا''، نعمان حیدر حامی کی اولین کتاب ''جادوئی گیند'' اور صاعقہ علی نوری کی کتاب ''طلسمی پنجرہ'' کے لیے لکھنا باعث مسرت ہے کہ اس قلم کار بہن نے میری سوچ سے زیادہ مجھے عزت افزائی دی ہے، یوں کہہ لیجیے کہ دیگر سے ملنے والے نامناسب رویے کی تلافی کی ہے۔ ''مہر النساء'' مہوش اسد شیخ کا افسانوی مجموعہ ہے۔ اس کے لیے بھی اظہار خیال ''مہر النساء'' کا حصہ بنا ہے۔ رمشاء جاوید کی کتاب ''قرضے والی گائے'' میں رائے شامل ہوئی جس نے دل باغ باغ کر دیا کہ مجھے ان کی تحریریں پڑھنا پسند ہیں۔

''انمول خزانہ'' فاکہہ قمر کی اولین کتاب ہے جو میرے لیے یوں بھی خاص ہے کہ اس کتاب کا انتساب میرے نام ہے۔ یہ میرے لیے انمول اعزاز ہے کہ سب یوں عزت دیتے ہیں۔ پاکستان کی ادب اطفال کی تاریخ میں شاید ہی اس قدر کسی اور ادیب کو عزت افزائی ملی ہو۔ یہ سب میرے لیے اللہ تعالیٰ کا ایک انعام ہے جس پر جتنا بھی شکرگزار بن جاؤں کم ہے۔ میں نے بچپن سے آج تک کبھی یہ نہیں کہا ہے کہ جو مل رہا ہے وہ کم ہے بس میں نے جو جتنا ملتا رہا ہے وہ خوشی سے قبول کرتا رہا ہوں۔

میں اگرچہ انسان ہوں ہو سکتا ہے کہ کبھی زندگی میں کم پر شکوہ یا شکایت کی ہو لیکن جہاں تک مجھے یاد ہے میں نے اللہ تعالیٰ کے دیے پر کبھی ناشکری نہیں کی ہے اور بس خاموشی سے جو بھی مل رہا ہے، وہ قبول کر کے آگے بڑھتا چلا جا رہا ہوں۔

☆☆☆☆☆

پہلی مرتبہ پاکستان کے معیاری ڈائجسٹ ماہنامہ ''سرگزشت'' کی جانب سے اعزاز یہ ملا۔

یہ خوشی اگست 2021 میں دیکھنے کو ملی تھی جب اولین کہانی ''نصیب جلی'' رسالے کی زینت بنی۔ جو کہ

میرے لیے بڑی مسرت کا باعث تھی کیوں کہ اس سے قبل کبھی بڑوں کے لیے لکھنے پر اعزازیہ حاصل نہیں ہوا تھا۔ میں نے اعزازیہ قبول کرنے کے بعد جتنے بچوں کے رسائل خرید سکتا تھا وہ خرید کر بانٹ دیے تھے۔ میں آج بھی اس بات پر قائم ہوں کہ قلم کار کو معاوضہ ضرور ملنا چاہیے تاکہ ایک ادیب کو بہترین انداز میں خدمات سرانجام دینے پر بھرپور انداز میں پزیرائی دے سکیں۔

پرویز بلگرامی صاحب سے جب پہلی مرتبہ بات ہوئی تھی اُس دن بہت زیادہ خوش رہا تھا کہ انھوں نے یوں حوصلہ بڑھایا کہ میں جو مختصر کہانیاں لکھنے کا شیدائی تھا۔ میں نے تہیہ کرلیا کہ اب طویل کہانیاں بھی لکھنے کی کوشش کروں گا کہ جب آپ کو یہ احساس دلوایا جاتا ہے کہ آپ اچھا لکھ سکتے ہیں تو پھر آپ بہادری سے لکھتے ہیں۔ میں نے بچوں کے لیے زیادہ تر مختصر کہانیاں لکھی ہیں۔ مجھے طویل کہانی سے زیادہ مختصر کہانی بیان کرنے میں لطف آتا ہے۔ پرویز بلگرامی صاحب نے مجھے کہانی لکھنے کا ''گر'' بتایا تھا اُس کے بعد مجھے طویل کہانی لکھنے کا شوق ہو چکا ہے۔

دل چسپ ترین بات یہ ہے کہ میری اولین کہانی ''نصیب جلی'' اور تیسری کہانی ''نمک حرام'' اگست میں شائع ہوئی ہیں۔ یہ 2021 اور 2022 کے سال کی بات ہے جو کہ میری ادبی زندگی میں بہت اہمیت کے حامل ہو چکے ہیں کہ ان سالوں میں بہت کچھ سیکھنے، سمجھنے اور کرنے کا موقع ملا ہے۔ میں نے جس تیسری کہانی کا تذکرہ کیا ہے یہ اگست 2022 میں شائع ہوئی ہے جس کا نام ''نمک حرام'' ہے۔ ستمبر 2022 کے شمارے میں لگ بھگ پانچ قارئین کے خطوط نے اسے قابل تعریف کہا جس نے میری توانائی میں اضافہ کیا ہے۔ ''زندگی اک قوس و قزح'' کے نام سے افسانہ سہ ماہی ادبی نشیمن، لکھنو۔ بھارت کے ستمبر تا نومبر 2022 کا حصہ بنا جس نے مزید طاقت دی ہے کہ بچوں کے ساتھ بڑوں کے لیے بھی لکھوں اور اسی کی وجہ سے ''قسمت کی دیوی'' کے نام سے اپنی اولین کتاب سامنے لانے کا فیصلہ کیا جو کہ ادبی حلقوں میں چونکا دینے والا فیصلہ تھا کہ مجھے زیادہ شہرت بطور ادب اطفال ادیب ملی تھی لیکن میں نے مخالف ہوا کے رخ چلتے ہوئے اپنا آپ منوانے کی کوشش کی۔

میں نے بہت کچھ سوچ سمجھ کر فیصلہ کیا تھا کہ اپنے آپ کو انفرادیت کا حامل ادیب ثابت کرنا ہے۔ اس

مجموعے میں ایسے موضوعات پر لکھا ہے جس پر لکھنے کے لیے دلیری درکار ہوتی ہے۔ ''قسمت کی دیوی'' کو ہاتھوں ہاتھ لیا گیا جس نے یہ ثابت کیا کہ کتاب کے قاری زندہ ہیں۔

☆☆☆☆☆

ایک رسالے نے میری جانب سے آگاہ کرنے کے باوجود اعزازی کاپی نہیں دی حالاں کہ اُس میں جن کے حوالے سے مواد شائع ہوا تھا اُن کو آگاہ کر چکا تھا۔ یہ میرے لیے بڑی تذلیل کی بات تھی کہ آپ نہ تو قیمتاً اور نہ اعزازی طور پر رسائل ارسال کرتے ہیں اور نہ ہی وہ کسی دوسرے شہر سے حاصل کیا جاسکتا ہے۔ یہ ادب کی خدمت قرار نہیں دی جاسکتی ہے۔

میرا دل جانتا ہے کہ میں نے کس طرح سے متعلقہ فرد کو اس حوالے سے معلومات دیں تھی کہ وہ رسالہ حاصل نہیں ہوسکتا ہے۔ یہ کہنا کہ مجھے سوچ سمجھ کر کسی رسالے میں تحریر ارسال کرنی چاہیے تھی، یہ معلوم کرنا چاہیے تھا کہ وہاں پر اعزازی کاپی دی جاتی ہے یا نہیں، پھر بھیجنی چاہیے تھی یہ سب اس لیے پوچھنا ضروری نہیں تھا کہ یہ ایک ادیب کا حق بنتا ہے کہ آپ اس کی خدمت کا کوئی صلہ دیں۔ اگر آپ رسالہ شائع کر رہے ہیں۔ اس سے آپ ادبی حلقوں میں مشہور ہو رہے ہیں کہ آپ کے رسالے میں نامور ادیب لکھتے ہیں۔ آپ کو اشتہارات بھی رسالے کی ساکھ بننے پر ملتے ہیں جو کہ انھی قلم کاروں کی بدولت ممکن ہوتا ہے۔ اگر آپ رسائل یا اعزازیہ دینے سے انکاری ہیں تو پھر جناب آپ یہ نہ کہیں کہ آپ ادب کے فروغ میں اہم کردار ادا کر رہے ہیں کیوں کہ آپ ایک جانب ادیبوں کا استحصال بھی کر رہے ہیں۔ ادیبوں سے بھاری رقوم لے کر کتب شائع کروا کر منافع کمانے والوں سے بھی کہوں گا کہ وہ بھی ادیبوں کے ساتھ زیادتی کرتے ہیں ان کو منافع میں سے لازمی حصہ دینا چاہیے۔ ہمارا دین بھی ایک جائز حد تک منافع لینے کی بات کرتا ہے جب مہنگی کتاب فروخت کے لیے پیش ہوگی تو پھر اُسے کون خریدے گا؟

مجھے جب بطور مدیر (گلدستہ ٹوٹ بٹوٹ جوئنیر) کام کرنے کا موقع ملا تو میں نے ''کہاوت کہانی نمبر'' کے لکھاریوں کو اعزازی شمارہ ارسال کروایا۔ یہ میری ذمہ داری تھی کہ میں اپنے لکھنے والوں کو وہ عزت

واحترام دوں جس کی میں ہر جگہ میں بات کرتا ہوں۔ افسوس ناک صورت حال ہے کہ آج لکھاری تحریر کی اشاعت کے بعد رسالہ مانگتے ہیں مجھے یوں محسوس ہوتا ہے جیسے کوئی بھکاری بھیک مانگتا ہے اور بار بار تکرار کرتا ہے کچھ ایسا ہی ہمیں بطور لکھاری بھی کرنا پڑتا ہے لیکن پھر بھی اعزازی شمارے کا معاملہ جوں کا توں ہے۔ ''کہاوت کہانی نمبر'' میں ایک غلطی کی شکایت پہنچی تھی جسے میں نے کھلے دل کے ساتھ تسلیم کرلیا کہ یہ واقعی ایسی تھی جس پر شکوہ بنتا تھا۔ میں نے لکھاری سے معذرت کرلی تھی تاکہ میری جانب سے ان کا دل خراب نہ ہو۔

میں نے بطور مدیر اپنی کوتاہی کو تسلیم کرلیا تھا۔

''ادب اطفال اور آج کے ادیب'' نامی تحریر ہفت روزہ ''مارگلہ نیوز انٹرنیشنل'' اسلام آباد میں شائع ہوئی۔ ایک بار پھر سے مجھے خوشی ہوئی کہ اولین تحریر اس رسالے کا حصہ بنی ہے۔ یہ 13 دسمبر 2021 منظر عام پر آئی تھی جس میں کئی ادیبوں کے کام کے حوالے سے تذکرہ کیا گیا تھا میرا نہیں خیال اس سے قبل اتنی بڑی تعداد میں ادب اطفال ادیبوں کو ایک ساتھ نام لے کر سراہتے ہوئے داد دی گئی ہو۔ اس رسالے کی بدولت توقیر ساجد کھرل سے تعلق استوار ہوا جنھوں نے بھرپور مواقع فراہم کرکے مجھے ادبی دنیا میں مزید اُبھرنے کی طاقت دی۔ ان کے حوالے سے بس اتنا کہوں گا کہ ''آج کے دور میں صحافی اور صحافت کے بارے میں منفی تاثر پیدا کیا جارہا ہے کہ یہ اپنی وقعت کھو چکے ہیں۔ ان حالات میں توقیر ساجد کھرل کا نام ایک نڈر، سچے کھرے اور صاف گو انسان کے طور پر سامنے آرہا ہے جو بطور صحافی اپنے حقوق وفرائض سے نہ صرف واقف ہیں بلکہ صحافت کے میدان میں بھی نئے رجحانات کو سامنے لارہے ہیں اور یہ ثابت کررہے ہیں کہ حقیقی صحافی کیسا ہوتا ہے۔ انھوں نے ثابت کردیا ہے کہ ثابت قدمی سے کامیابی کو حاصل کیا جاسکتا ہے۔ آج کے دور میں نئے لکھنے والوں کو جس طرح سے سامنے لارہے ہیں ماضی میں ایسی کوئی مثال دیکھنے کو نہیں ملتی ہے۔ ادب کے فروغ میں ان کا کردار ناقابل فراموش ہے۔''

توقیر ساجد کھرل نے جتنی حوصلہ افزائی کی ہے وہ میرے لیے اہمیت کی حامل ہے کہ انھوں نے مجھے

آزادی سے کام کرنے کا وہ موقع دیا ہے جو شاید ہی کوئی اور فراہم کرتا۔

☆☆☆☆☆☆

میں نے جب فاکہہ قمر کو لکھنے کا کہا تو انھوں نے انکار نہیں کیا پھر دیکھتے ہی دیکھتے اپنی ایک ساکھ قائم کرلی۔ دل چسپ بات یہ ہے کہ جب بطور قلم کار اُبھریں تو کئی احباب نے دعوا کیا کہ انھوں نے ان کو لکھنے کی جانب مائل کیا تھا۔ ہم نے ادبی دنیا میں ایسے کام پر بھی لوگوں کو حق جتاتے دیکھا ہے جس پر پہلے ہی کوئی عمل درآمد کر چکا ہو یا اُسے اپنا کہہ چکا ہو۔

حیرت ہے کہ اتنی دیدہ دلیری سے کوئی کیسے کسی شے کو اپنا کہہ کر اپنی ساکھ مجروح کر سکتا ہے؟

پاکستانی ادب اطفال کی تاریخ میں فاکہہ قمر غالباً اولین خاتون قلم کار ہیں جنھوں نے محض چھ ماہ میں اپنی صلاحیتوں کو نہ صرف بھارت بلکہ پاکستان میں منوایا ہے۔ جو یہ کہتے ہیں کہ تبدیلی کے لیے برسوں کی جہد وجہد درکار ہوتی ہے وہ کسی اور دنیا کے باشندے ہیں ہم نے ثابت کر دیا ہے کہ سچی نیت ہو تو چند ماہ بھی بہت ہیں کچھ کر دکھانے کے لیے۔ فاکہہ قمر نے اپنی ذات کو منوانے کے لیے جتنی محنت کی ہے وہ سب نوجوانوں کے لیے ایک مثال ہے کہ جب آپ یہ تہیہ کر لیتے ہیں کہ آپ کو اپنا نام اور ساکھ قائم کرنی ہے تو پھر آپ دن رات کی محنت سے اپنے خوابوں کی تعبیر حاصل کر لیتے ہیں۔ اپنی ذات کو بطور خاتون لکھاری جس طرح سے یہ پیش کر رہی ہیں وہ کئی لڑکیوں کے لیے مثال بن رہی ہے۔

فاکہہ قمر کی کامیابیوں کے پیچھے مشکلات اور مسائل بھی ہیں لیکن اہم بات یہ ہے کہ حوصلے سے آگے بڑھ رہی ہیں۔ یہاں یہ بات قابل غور ہے کہ اگر آپ کسی میں کچھ ایسی صلاحیت دیکھتے ہیں جو کسی کو کامیاب انسان بنا سکتی ہے تو آپ ضرور اُس کی مدد کریں تا کہ وہ کامیابی حاصل کر سکے۔ یہ نہیں کہ آپ اُسے اپنی غلامی میں رکھنے کے حربے استعمال کریں۔ فاکہہ قمر نے معمولی رہنمائی سے خود کو یوں سنوارا ہے کہ آج ادبی حلقوں میں اُس کی کامیابی کو نئے لکھنے والے ایک مثال سمجھ کر اپنی انفرادیت دیکھنے پر مائل ہو رہے ہیں کہ فاکہہ قمر نے لکھنے کے ساتھ ساتھ دیگر ہم عصر لکھاریوں کی حوصلہ افزائی کرنا شروع کر دی ہے اور انٹرویوز بھی لے رہی ہے، غالباً یہی وجہ ہے کہ چند احباب کو ان کی کامیابی کھٹکتی ہے۔

"انمول خزانہ" کے نام سے ان کی اولین کتاب سامنے آئی تو سب حیرت زدہ رہ گئے اور اس کی ایک بڑی وجہ یہ بھی تھی کہ انھوں نے اس کتاب کا انتساب ہمارے نام کر دیا تھا۔ کسی بھی استاد کے لیے یہ قابل فخر بات ہے کہ اس کا شاگرد اپنی کامیابی اپنے استاد کی رہنمائی کو سمجھتا ہے۔ یہاں کہنے کی بات یہ ہے کہ محض چند باتیں بتا کر استاد بننے والے اور کسی کی مسلسل رہنمائی کرتے ہوئے کامیابی کی منزل تک لانے والے استاد میں فرق ہے۔ چند احباب اس بات پر یقین کامل رکھتے ہیں کہ ان کے ہاتھ میں "کسی اور کا قلم" ہے لیکن مجھے پتا ہے کہ جب آپ کسی کو اہمیت نہ دیں تو پھر کوئی قابل شخص یوں اُبھر کر سامنے آتا ہے کہ لوگ دنگ رہ جاتے ہیں۔ کچھ ایسا ہی تب ہوا جب فاکہہ قمر کا ماہنامہ جگنو، لاہور کے اگست 2022 کے شمارے میں انٹرویو شائع ہوا۔ پاکستان کی ادب اطفال کی تاریخ میں شاید ہی پہلے کبھی ایسا ہوا ہو کہ کسی نئے قلم کار خاص کر خاتون قلم کار کی محض ایک سال کے عرصے میں شہرت اتنی ہوئی ہو کہ بچوں کے معروف رسالے میں انٹرویو شائع کیا گیا ہو، یہ اپنی جگہ ایک اہم ریکارڈ ہے۔

"انمول خزانہ" کے نام سے ان کا بچوں کے لئے کہانیوں کا مجموعہ جو کہ سرائے اُردو پبلی کیشنز، پاکستان نے شائع کیا۔ وہ کئی احباب کو یوں چونکا گیا کہ سب خاموش ہو گئے کہ اتنی جلدی صاحب کتاب کیسے بن گئی ہیں؟

یہاں ایک تلخ حقیقت یہ بھی ہے کہ اس قدر محنت کے باوجود فاکہہ قمر کو بہت کچھ ایسا سننا پڑتا ہے جو کہ نامناسب ہے۔ اُسے کبھی اپنے ادبی دنیا کے اساتذہ اور کبھی اپنی لکھی گئی کہانیوں پر اعتراضات سننے کو ملتے ہیں یعنی سراہنا نہیں ہے لیکن کسی نہ کسی طرح سے حوصلہ شکنی ضرور کرنی ہے تاکہ وہ لڑکی جو ادب اطفال میں کئی لڑکیوں کے لیے ایک مثال بن رہی ہے وہ اُس منزل پر نہ پہنچ سکے جو کئی ادیب ساری عمر ادب دنیا میں رہ کر بھی حاصل نہیں کر سکے ہیں۔ یہ ایک حقیقت ہے کہ نام محض ایک جیسا کام کرنے سے نہیں بنتا ہے اس کے لیے انفرادیت دکھانی پڑتی ہے اور فاکہہ قمر ادب اطفال میں کم سے کم پاکستان میں اُن موضوعات پر لکھ رہی ہے جو شاید ہی کسی خاتون قلم کار نے قیام پاکستان سے دور حاضر تک بھرپور انداز میں لکھے ہوں۔

میں نے ادبی دنیا میں جب دیکھا کہ یہاں ادب کی دنیا میں نئے آنے والوں کو خوب ''لتاڑا'' جاتا ہے تو سوچ لیا تھا کہ بہت ہو چکا اب کچھ ایسا کیا جائے کہ نئے لکھنے والے وہ کر کے دکھائیں جو برسوں سے ادبی دنیا میں رہنے والے بھی نہیں کر سکے ہیں۔

مجھ سے قبل شاید ہی کسی نے نئے کہانی نویس یا شاعر کا انٹرویو لیا ہو جو ابھی صاحب کتاب بھی نہ بنے ہوں۔ ہمارے ہاں نئے ادیبوں کو اپنے مذموم مقاصد کے لیے تو استعمال کیا جاتا ہے تاہم اُن کے بہترین مستقبل کے لیے کم ہی سوچا جاتا ہے یہ محض ایک مثال نہیں ہے۔ اس طرح کی کئی مثالیں سامنے آئیں گی کہ جب انقلاب برپا کرنا ہوتا ہے تو آپ کو سوچ بدلنا ہوتی ہے۔

آپ مجھے بتا دیں کہ 2021 سے پہلے پاکستان میں کتنا خاص کام ہوا ہے؟ کتنے مضامین اخبارات کی زینت بنے ہیں؟ انٹرنیٹ پر آج جتنے مضامین ادب اطفال کے حوالے سے موجود ہیں اور ادیبوں کے انٹرویوز دستیاب ہیں یہ سب ثابت کر رہا ہے کہ پہلے ادب اطفال کے نام پر مفادات کا حصول ممکن بنایا گیا ہے۔ قیام پاکستان سے لے کر 2020 تک اخبارات میں بچوں کے صفحات پر کتنے نئے کہانی نویس یا شعراء کو مواقع ملے ہیں؟

پاکستان میں 2021 سے جو نئے لکھاریوں کی ایک کھیپ ادب اطفال میں آئی ہے اتنی بڑی تعداد کبھی دکھائی نہیں دی ہے۔ ادب اطفال میں محض چند نامور ادیبوں کی کہانیوں کے مجموعے، ناولز اور جیبی سائز کتب شائع ہوتی رہی ہیں لیکن نئے ادیبوں کی بڑی تعداد میں تخلیقات کبھی منظر عام پر نہیں آئی ہیں جو 2021 کے بعد ہمیں دکھائی دے رہی ہے۔ اس حوالے سے تحقیقی کام ہونا چاہیے کہ ایسا کیوں ہوا اور بعد ازاں ایسا ہوا تو کیا وجوہات تھیں؟

☆☆☆

سحرش اعجاز جو کہ ہمیشہ ''نا قابل اشاعت'' کا لفظ سنا کرتی تھیں۔

اُن کی رہنمائی یوں کی کہ وہ آج ادب اطفال رسائل کے ساتھ ماہنامہ ردا ڈائجسٹ، سرگزشت ڈائجسٹ اور سچی کہانیاں ڈائجسٹ میں شائع ہو رہی ہیں۔ یہ سب محض حوصلہ افزائی کی بدولت دکھائی دے رہا

ہے۔سحرش اعجاز ، عیشاء صائمہ کی زندگی فاکہہ قمر سے مماثلت رکھتی ہے۔ان کی کامیابی ان کے اپنے لیے بہت حیران کن ہے تاہم وہ خوش ہیں کہ کچھ حاصل ہو رہا ہے۔

یہاں ایک بات کہوں گا جس نے سحرش اعجاز کی تحریروں کو ناقابل اشاعت ٹھہرایا اُس نے نیکی کی ہے کہ اس کی وجہ سے سحرش اعجاز نے مزید محنت کر کے اپنا آپ منوانا شروع کر دیا۔ایک رسالے کے مدیر نے محض میری ذات کی وجہ سے ان کی تحریریں شائع کرنے سے منع کر دیا۔میں نے اپنی آنکھوں سے انکار کا پیغام دیکھا تھا اور اُسے حوصلہ دیا کہ ایک دن تمہارا وقت آئے گا، کرنے دو جو بھی ایسا کر رہا ہے۔

یہ بات ہر نئے لکھنے والے کے لیے سبق ہے کہ اگر آپ کو جانبداری دکھاتے ہوئے یا پھر کسی بھی شخصیت سے تعلق رکھنے کی بناء پر کہیں مواقع نہیں دیے جا رہے ہیں تو صبر کیجئے کہ ایک دن وہ سب ملے گا جو آج نہیں مل رہا ہے۔اس لیے آپ کو قلم چھوڑنے کی ضرورت نہیں ہے کیوں کہ جب آپ ایسا کریں گے تو پھر غیر معیاری لکھنے والے یا پھر ایسے احباب کو مواقع مل جائیں گے جو آپ کی قابلیت سے کم تر ہوں گے جو بہتر شعور بیدار نہیں کر سکیں گے اور آپ ایک دن افسوس کریں گے کہ آپ نے قلم چھوڑ کر کچھ غلط کیا ہے۔اس بات کا اعتراف یاسر فاروق نے بھی کیا ہے کہ ادبی دنیا سے دوری اختیار کرنا غلط فیصلہ تھا۔

میں نے بلوچستان سے تعلق رکھنے والے ببرک کارمل کی چند کہانیوں کو پڑھا تو محسوس ہوا کہ اگر ان کو مسلسل مواقع ملتے رہتے تو یہ بچوں کے بہترین ادیب شمار ہوتے۔میرا آج بھی یہ ماننا ہے کہ نام ور ہوں یا پھر نئے لکھنے والے ہوں، رسائل کے مدیران کو برابری کی سطح پر مواقع دینے چاہیں۔آپ کسی کی کہانیاں روک کر یا پھر تاخیر سے شائع کر کے اُسے سبق سکھا سکتے ہیں لیکن کسی کی اہمیت کبھی کم نہیں کر سکتے ہیں کہ جس کی ساکھ اللہ تعالیٰ بنواتا ہے وہ دنیا کا کوئی فرد کم نہیں کر سکتا ہے۔

☆☆☆

ہمارے ہاں نام دیکھ کر مسلسل کہانیاں شائع کی جاتی ہیں اور جن کی کہانیوں میں کچھ دم ہو تو اُسے روک لیا جاتا ہے تاکہ وہ مزید محنت کرتا رہے اور کرتا رہے اور پھر ایک دن اتنا نام ور بن جائے کہ آپ اُسے شائع کرنے پر مجبور ہو جائیں۔اگر میں درست نہیں کہہ رہا ہوں تو پھر میری بات کا مطلب کچھ اور سمجھ لیجیے

اور پھر یقین کر لیجیے کہ شاید میں وہی کہہ رہا ہوں جو آپ محسوس کر رہے ہیں۔ یاسر فاروق کے حوالے سے بتا تا چلوں کہ بہت نفیس انسان ہیں۔ مجھے ان کے ساتھ بچوں کے ادب کے حوالے سے تین روزہ بین الاقوامی کانفرنس میں وقت گزارنے کا موقع ملا ہے جس نے بہت کچھ عیاں کیا ہے۔ انھوں نے ادب اطفال میں تشہیری نظم ''انمول خزانہ'' سامنے لاکر ایک نئے رجحان کا آغاز کیا ہے۔ اگرچہ اس رجحان پر بھی ایک موصوف نے کہا کہ یہ ان کا تخلیق کردہ ہے تاہم مستند حقائق نے ان کی بات کو غلط ثابت کیا کچھ ایسا ہی ایک صاحب نے میرے ''عالمی ادیب اطفال اُردو ڈائریکٹری'' کے منصوبے کے حوالے سے بھی کہا ہے۔

بہرحال، رسالے کا مدیر ایک گھر کے سربراہ کی مانند ہوتا ہے جسے اپنے ہر بچے کو برابری کی سطح پر موقع دینا چاہیے تاکہ سب بچے اپنی اپنی جگہ پر کامیابی سے ہمکنار ہوسکیں یہ نہیں کہ محض ایک بچے کو زیادہ مواقع دیں تاکہ وہ زیادہ آگے بڑھ سکے اور دیگر کو پیچھے رکھیں تاکہ وہ کہیں اُس سے زیادہ آگے نہ بڑھ سکے۔ جب اللہ کی کرنی ہو تو پھر کوئی کچھ نہیں کرسکتا ہے اور جس کا اجر رب کائنات نے مقرر کر دیا ہو وہ اُسے مل کر رہتا ہے اور دنیاوی سازش ناکام ہو جاتی ہے۔

آپ محض نئے لکھنے والوں کو مواقع دینے کی خاطر چند لکھنے والوں کو جن کا کام معیاری ہو اور قارئین بھی پسند کر رہے ہوں انھیں قارئین سے دور رکھ کر ادب کے فروغ کا دعوا کریں گے تو پھر آپ خوش ہو جائیں کہ آپ جیت گئے لیکن درحقیقت ادب کی نشوونما رک جائے گی اور پھر کچھ باقی نہیں رہے گا۔ اگر میں نے جھوٹ کہا ہے تو آپ حقائق کو پرکھ لیجیے کہ کتنے رسائل ملک بھر میں بچے خرید رہے ہیں؟

سب کچھ عیاں ہو جائے گا کہ معیاری ادب کے فقدان نے والدین کو یہ بتا دیا ہے کہ کتب اور رسائل سے بچوں کو دور رکھیں، یہ برسوں کی بات ہے جس کے نتائج آہستہ سے سامنے آئے ہیں۔ دنیا کے کئی ممالک میں آج بھی پاکستان کی نسبت زیادہ تعداد میں ادیبوں کی کتب شائع ہوتی ہیں، یہی کہنا کافی ہے۔

☆☆☆☆☆☆

میں نے سوچ لیا تھا کہ خود بھی کامیاب ہونا ہے اور ہر مخلص فرد کو ساتھ لے کر چلنا ہے۔ میں نے عرفان حیدر کی تحریروں کو دیکھتے ہی سوچ لیا تھا کہ اُس پر خاص توجہ دینی ہے اور کامیابی دلوانی ہے اور خود بھی کامیاب ہونا ہے۔ عرفان حیدر کی اچھی بات یہ لگی ہے کہ اپنی عمر سے زیادہ سمجھدار ہو چکا ہے اور وقت کے ساتھ ساتھ ایک بہترین ادیب کے روپ میں دکھائی دے گا کہ آج بھی اُس کی تحریر میں وہ جان ہے جو کسی برسوں سے لکھنے والے میں کیا دکھائی دیتی ہوگی۔

یہ بات میں بڑے فخر سے کہنا چاہوں گا کہ عرفان حیدر دور حاضر کے نوجوان ادیبوں میں سب سے زیادہ با اخلاق ہے۔ جو یہ جانتا ہے کہ کس سے کس انداز میں بات کرنی ہے۔ ہمارے ہاں جن کی تعریفیں زیادہ ہوتی ہیں ان کو نیچا دکھانے یا پھر اُن کو پھنسانے کی کوشش ہوتی ہے تاکہ کسی کی ادبی ساکھ خراب کر کے اپنے من پسند احباب کو سامنے لایا جائے۔ میرے علم میں یہ بات آ چکی ہے کہ کچھ کتب شائع کرنے والے احباب یا ناشران کس طرح سے ادیبوں کو ستاتے ہیں اور منافع کی خاطر ان کو مختلف حربوں سے گھیرتے ہیں۔ یہ سب سن کر افسوس ہوتا ہے کہ ہماری ادبی دنیا کتنی بے ادب افراد سے بھری ہوئی ہے۔ اس بات کا شکوہ مجھ سے کئی بار عرفان حیدر کر چکا ہے کہ وہ بہت کچھ دیکھ چکا ہے۔ اُس نے ادیبوں کے جھگڑے دیکھ کر ایک کہانی لکھی تھی جس میں اچھے ادیب کے رویے اور کردار کو واضح کیا گیا تھا۔ مجھے کبھی کبھی یہ بھی محسوس ہوتا ہے کہ عرفان حیدر میری مانند ادیب بنے گا اور اُس نے ابھی سے پیروی کرنا شروع کر دی ہے۔

عرفان حیدر نے لاعلمی میں ایک سے زائد رسائل میں چند کہانیاں ارسال کر دی تھیں۔ وہ نہیں جانتا تھا کہ اس طرح سے اپنی ساکھ مجروح کر سکتا ہے، دراصل اُسے ایک دوسرے نوجوان لکھاری نے بتایا تھا کہ وہ بھی ایک سے زائد رسائل میں تحریر ارسال کرتا رہتا ہے۔ میں نے اسے منع کیا اور اُسے سمجھایا کہ اگر وہ اس طرح کرے گا تو پھر وہ ناقابل اشاعت ٹھہرایا جائے گا۔ عرفان حیدر جہاں بھی کچھ غلط ہوتا دیکھتا ہے اُس پر بات کرتا ہے اور جہاں وہ سمجھتا ہے کہ اپنی کوشش سے کچھ تبدیلی لا سکتا ہے تو پھر اُس کی جہد و جہد میں مگن ہو جاتا ہے۔ میرے لیے یہ انکشاف بے حد حیران کن تھا کہ عرفان حیدر نے میری

خاطر ''قلم کتاب''، جیسے منصوبے میں شامل ہونے سے انکار کر دیا ہے۔
چوں کہ میری ہاتھ کی لکھائی اس کتاب کا حصہ نہیں بن رہی تھی تو اسی وجہ سے اُس نے اپنی تحریر کوائی تھی۔
جس دن میرے علم میں بات آئی، مجھے یہ احساس ہوا کہ کچھ لوگ ہمارے لیے اپنوں سے بڑھ کر ہوتے ہیں۔ یہاں کچھ ایسے احباب ہیں جو محض ساڑھے تین منٹ کی گفتگو میں آپ کو اپنے لیے کام کرنے پر رضا مند کرتے ہیں اور پھر ایسا کام سونپ دیتے ہیں جو کہ آپ کے شایان شان نہیں ہوتا ہے لیکن وہ آپ سے یہی توقع رکھتے ہیں کہ آپ ان کے لیے سب کچھ شان دار کر دیں اور جب اُن کو بتائے بنا کچھ خاص انداز میں کام کریں اور ان کو علم بھی نہ ہو تو پھر وہ یہی سوچتے ہیں کہ ہم نے کچھ نہیں کیا ہے، درحقیقت بہت کچھ کیا ہوتا ہے لیکن یہ سب چوں کہ ان کے علم میں نہیں ہوتا ہے تو وہ آپ کی لاعلمی میں کچھ کا کچھ سمجھ لیتے ہیں اور ذمہ داری سے کچھ یوں فارغ کرتے ہیں کہ آگاہ کرنا بھی مناسب نہیں سمجھتے ہیں کہ وہ ادب سے وابستہ ہوتے ہیں اور ادب واحترام کو بہ خوبی سمجھتے ہیں۔
یہاں ایک تذکرہ اس لیے کرنا چاہ رہا ہوں تا کہ پڑھنے والوں کو یہ علم ہو سکے کہ آپ جب کسی کی اچھائی کا صلہ بُرائی کی صورت میں دینا چاہتے ہیں تو یہ ضروری نہیں ہے کہ آپ کی یہ حرکت کامیاب ہو سکے۔ آپ کی اصلیت بھی سامنے آ سکتی ہے۔
مجھے ایک ادیب کی جانب سے پیغام موصول ہوا تھا جس میں بہت ہی غلط انداز میں ایک دوسرے نامور ادیب کے بارے میں بات کہی گئی تھی جو میرے لیے یوں بُرا لگنے کا سبب بنا تھا کہ اُس میں میرا بھی تذکرہ کیا گیا تھا۔ مجھے آج تک اس بات کا افسوس ہے کہ کہنے والے نے اپنی بات تو کہہ دی تھی مگر یہ نہیں سوچا تھا کہ اُس نے کیا سوچ کر میرا تذکرہ کرنا ضروری سمجھا تھا۔ اُس نے اپنا غصہ نکالنا تھا لیکن بیچ میں میرا تذکرہ کر دیا تھا لیکن اللہ تعالیٰ کا شکر ہے کہ میرے لیے زیادہ مسائل نہیں ہوئے کہ جن کو کچھ کہا گیا تھا وہ میری ذات کو اُس شکایت کنندہ سے زیادہ جانتے ہیں۔
آپ نے اپنی بات کرنی ہو تو آپ کسی بھی طریقے سے کر سکتے ہیں۔ یہ ضروری نہیں ہوتا ہے کہ آپ کسی کا حوالہ دے کر اپنی بات کو یوں بیان کریں جیسے اور لوگ بھی آپ کے غلط عمل میں شامل ہیں۔

میں نے اُس وقت سے اس پر خاموشی اختیار کی ہوئی تھی اور جس نے یہ بات کہی تھی اُسے اس حوالے سے کچھ نہیں کہا تھا کہ میری خواہش تھی کہ بات دبی رہے۔ یہ کتنی غلط بات ہے کہ ہم خود دوسروں کو ادب کا درس دیتے ہیں مگر اپنی ذات میں دوسروں کی سوچ کا احترام کرنے سے قاصر ہیں۔

اسی طرح کا ایک واقعہ اور بھی ہے کہ جب مجھے یہ طعنہ سننے کو ملا تھا کہ کچھ لوگ اپنے شاگردوں کو کام پر لگائے ہوئے ہیں۔ میرے خیال میں اظہار خیال کی آزادی کا ناجائز فائدہ اگر اُٹھایا جارہا ہو تو پھر آپ کو بھی نظر انداز کرنا چاہیے تاہم یہ ایک بار ضرور سوچ لینا چاہیے کہ اگر خاموش رہنے والے نے جواب دے دیا تو پھر آپ کی کیا وقعت رہ جائے گی یا جسے خبر ہو جائے کہ وہ استعمال ہو رہا ہے وہ جان لے تو پھر آپ کہاں ہونگے؟

میرے خیال میں جن کا کام قابل ذکر ہو تو پھر شاگرد کیا غیر بھی سراہتے ہیں۔

☆☆☆☆☆

فاکہہ قمر نے میرا پہلا انٹرویو لیا اگرچہ اس کے لیے آمادہ نہیں تھا لیکن انھوں نے دلیل دے کر قائل کر لیا۔ یہ ہفت روزہ مارگلہ نیوز انٹرنیشنل، اسلام آباد کے 31 جنوری تا 6 فروری 2022 کے شمارے میں شائع ہوا۔ عرفان حیدر نے جو انٹرویو لیا وہ اپریل 2022 کے ماہنامہ رسالے ''سرائے اُردو'' میں شائع ہوا۔ عیشاء صائمہ نے بھی منفرد سوالوں کا دلچسپ انٹرویو لیا ہے۔ 14 اگست 2022 کے روز فاکہہ قمر کا ایک مضمون ''ذوالفقار علی بخاری: اندھیرے میں اجالے کا مرکز، نوجوان ادیبوں کے رہنما و مسیحا'' میری شخصیت کے حوالے سے روزنامہ شہباز پشاور میں شائع ہوا۔

فاکہہ قمر کے مضمون سے اقتباس ملاحظہ کیجئے۔

''ان کا کام اور صحبت ہم جیسے نوآموز قلم کاروں کے لیے قیمتی اثاثہ اور مشعل راہ ہے۔ جہاں ڈھیر ساری خوبیاں ہیں تو وہیں پر ان کی کھری اور سچی باتوں سے بہت سے لوگوں کو ان سے اختلاف ہے اور وہ مسلسل ان پر تنقید کرتے رہتے ہیں۔ سچ کا پرچار غلط بات نہیں ہے لیکن ان کا انداز کچھ زیادہ ہی زہریلا ہوتا ہے شاید اسی وجہ سے بعض لوگ ان سے خفا ہیں۔ اگر یہ اپنا انداز بیان بدل لیں تو شاید سب شہد کی

مکھی کی طرح ان کے گرد جمگھٹا بنالیں۔ان کی اسی عادت کی بناء پر کوئی بھی ان سے بات کرتے ہوئے کتراتا ہے۔میرا ان کو مخلصانہ مشورہ ہے کہ اگر یہ درمیان میں حائل سرد دیوار کو پگھلا دیں اور سب کو موقع فراہم کریں کہ وہ اپنی بات کہہ سکیں تو شاید معاملات اتنا کشیدہ نہ ہوں اور کچھ لچک پیدا ہو سکے۔ یہ میری خوش قسمتی ہے کہ مجھے ان کی سرپرستی نصیب ہوئی اور ان کے ساتھ کام کرنے کا موقع ملا ہے۔''

بچوں کے معروف رسالے ماہ نامہ جگنو، لاہور کے جنوری 2023 کے شمارے میں فاکہہ قمر کا لیا گیا انٹرویو شائع ہوا تو میری خوشی کی انتہا نہیں رہی کہ پہلی مرتبہ ادب اطفال رسالے میں انٹرویو شائع ہوا۔اس انٹرویو نے میرے ادب اطفال ادیب ہونے پر مہر ثبت کردی۔''قسمت کی دیوی'' کی اشاعت کے بعد رسالے کی انتظامیہ کی جانب سے اس انٹرویو کا فیصلہ کیا گیا تھا۔

اس کامیابی کو دیگر ادیب کس نظر سے دیکھتے ہیں اس پر میں کچھ نہیں کہوں گا لیکن یہ بات ضرور ہے کہ میرے لیے میرا رب کافی ہے اور مجھے اُس ذات پر بھروسہ رکھتے ہوئے کچھ اور اچھا کرنا ہے۔ میں نے بچوں کی کردار سازی ایسے انداز میں کرنی ہے کہ وہ مجھے ہمیشہ یاد رکھیں۔

میں اس داستان حیات میں واضح کر دینا چاہتا ہوں کہ اگر مجھے زندگی میں کسی نے سراہنے کی زحمت نہیں کی تو پھر مجھے بعد ازاں لکھے گئے تعزیتی یا تعریفی جملوں کی ضرورت نہیں ہوگی اور ایسے احباب کی رائے کو میرے قارئین کبھی قبول نہ کریں۔

☆☆☆

ہمیں اپنے مقاصد کے حصول کے لیے اپنے شاگردوں کو بیچ میں خاص کر کسی کو نیچا دکھانے کے لیے نہیں لانا چاہیے۔بطور استاد ہمیں ایک مثبت مثال قائم کرنی چاہیے تاکہ جو ہم کریں، ویسا وہ کریں۔ مجھے خوشی ہے کہ میں نے نئے لکھنے والوں میں وہ حوصلہ اور ہمت پیدا کرنے کی کوشش کی ہے جو وقت کی اہم ضرورت تھی۔ میں نے کئی بار مشاورت کرنے والے قلم کاروں سے کہا ہے کہ اپنی تحریر خاص کر رسائل میں اور اگر مناسب سمجھیں تو اخبارات میں بھی صرف اور صرف ایک بار کسی اچھے رسالے یا اخبار کو ارسال کریں اگر وہ چند روز تک شائع نہ کریں یا پھر ناقابل اشاعت قرار دے دیں تو پھر کہیں اور شائع

کروائیں۔ میرے ساتھ خود بھی ایسا ہوا کہ کئی بار تحریر شائع نہیں ہوئی تو دوسرے رسالے یا اخبار کو بھیج دی تو جہاں پہلے دی تھی، اُنھوں نے شائع کر دی۔

اگرچہ ایک سے زیادہ مرتبہ مضامین یا کہانیوں کی اشاعت پر اعتراض نہیں ہونا چاہیے لیکن میری نظر میں کوئی بھی تحریر ایک مرتبہ کہیں شائع کروالیں تو پھر چھے ماہ کے بعد یا پھر سال بعد کہیں اور شائع کروائیں۔ وہ بھی اگر ایسے موضوع پر ہو جس سے زیادہ نفع کی امید ہو تو ایسا ضرور کر لینا چاہیے۔

یہاں تو تعلقات کی بنا پر ایک ہی تحریر بڑے دھوم دھام سے شائع کرائی جاتی ہے۔

کاش! یہ قانون ہر لکھنے والے کے لیے بن سکے۔

مقامی اخبارات میں ایک ہی قلم کار کی کئی تحریریں ایک ہی روز میں شائع ہو جاتی ہیں جو کہ بے حد غیر مناسب عمل ہے کہ اس طرح سے کئی معیاری لکھنے والوں کو اخبارات جگہ نہیں دیتے ہیں اور ایسے قلم کار جن کی شائع ہونے والی تحریر میں ہزار غلطیاں ہوتی ہیں وہ شائع ہو کر اچھے قلم کار کو دکھی کرتی ہیں جن میں میرا نام بھی شامل ہے۔

دل چسپ بات یہ ہے کہ قلم کاروں کی مختلف تنظیمیں اس کارِ خیر میں برابر کی حصہ دار ہیں جو اپنے قلم کاروں کی شہرت کے لیے بیس بیس اخبارات میں ایک مضمون شائع کر کے ادب کے فروغ میں اپنا کردار ادا کر رہی ہیں اور اسی کی بنیاد پر ایوارڈز تک دیے جاتے ہیں کہ بہت کام کر رہے ہیں۔

مجھے ایک ایسی شاگرد سے واسطہ پڑا تھا جسے ایسا کرنے سے منع کیا تو اُس نے سرِ عام اس بات پر رائے مانگ کر یہ ثابت کر دیا کہ استاد کا احترام اپنی جگہ لیکن اپنی کشمکش دور کرنے کی خاطر استاد سے زیادہ دیگر احباب کی رائے اہمیت رکھتی ہے۔

شاگرد کا لفظ جب بھی میرے ذہن میں آتا ہے تو ایک قصہ ضرور یاد آ جاتا ہے۔

میں جن دنوں ایک یونیورسٹی میں نوکری کر رہا تھا۔

اُن دنوں ایک لڑکی نے اپنے استاد کو شادی کا پیغام دیا۔

میرے لیے یہ بہت حیران کن بات تھی کہ کوئی لڑکی اس قدر جرات مند ہو سکتی ہے کہ وہ ایک مدرس کو یوں

جیون ساتھی بنانے کا سوچے۔ پاکستان میں اکثر قومی سطح کے کرکٹرز کو شادی کے پیغامات موصول ہوتے رہتے ہیں لیکن مقامی سطح کے کرکٹر کو شادی کا پیغام ملنا میرے لیے بہت دل چسپ تھا کیوں کہ پڑھانے والے موصوف کرکٹ کے کھلاڑی اور استاد بھی تھے۔

میرے لیے یہ خوشی کی خبر تھی کہ انھوں نے لڑکی کے پیغام کو رد کر دیا۔

ایک استاد اور شاگرد کے تعلق کو ایک حد میں رہنا چاہیے کیوں کہ استاد روحانی باپ ہوتا ہے۔ اس کے احترام کو ملحوظ خاطر رکھنا چاہیے۔ اسی یونیورسٹی میں سہراب احمد اور محمد عظیم جیسے اچھے مدرس تھے جن سے یہ سیکھنے کو ملا کہ آپ طالب علموں کو کس طرح عمدگی سے پڑھا سکتے ہیں۔

☆☆☆☆

محمد شعیب مرزا صاحب ماہ نامہ پھول، لاہور کے مدیر ہیں۔

ان کی جانب سے 2020 اور 2021 میں ادبی و سماجی خدمات پر ''ادب اطفال ایوارڈز'' ملے ہیں جس نے ہر لمحے کچھ منفرد کرنے پر مائل کیا ہے۔

محمد شعیب مرزا، ترکی سے تعلق رکھنے والے خلیل طوقار اور اکادمی ادبیات پاکستان کے چیئرمین جناب ڈاکٹر یوسف خشک صاحب کو نامور ادیبوں اور مدیران کی آپ بیتیوں پر مشتمل کتاب ''آپ بیتیاں۔ حصہ دوئم'' بطور یادگاری تحائف دینا انمول لمحات ہیں۔ ان نامور ادبی شخصیات سے بہت کچھ سیکھنے کو ملا ہے۔ ان کا ادب کے فروغ میں کردار نا قابل فراموش ہے۔

اکادمی ادبیات پاکستان کی تین روزہ بین الاقوامی کانفرنس میں مقالہ پڑھنے نے وہ خوشی عطا کی جس کو لفظوں میں بیان کرنا ممکن نہیں ہے۔ مرحومہ بشریٰ رحمٰن صاحبہ سے ادب اطفال ایوارڈ حاصل کرنا زندگی کا بہترین خوشگوار لمحہ ہے۔ لاہور میں ہونے والی ایک تقریب میں بشریٰ رحمٰن صاحبہ کی صاف کھری باتوں نے جہاں دل جیت لیا تھا وہیں یہ بھی خوشی ہوئی تھی کہ اپنے ننھیالی شہر بہاول پور سے تعلق رکھنے والی ادیبہ سے ایوارڈ حاصل کر رہا ہوں۔ ان کی رحلت پر دل بے حد غمگین ہو گیا لیکن یہ خوشی ہے کہ ان سے یہ کہہ دیا تھا کہ وہ پسندیدہ لکھاری ہیں اور تب ان کی ہلکی سی مسکراہٹ نے یہ ظاہر کر دیا تھا کہ

لکھاری کے لیے پزیرائی کتنی انمول ہوتی ہے۔

میں نے ادبی دنیا میں جس طرح کے چہروں کے لوگ دیکھے ہیں۔اس کو دیکھتے ہوئے میں یہ یقینی طور پر کہ سکتا ہوں کہ یہاں بہت کم ادیب ایسے ہیں جو دوسروں کی زندگیوں کو بنانے کا سوچتے ہیں۔افسوس کی بات یہ ہے کہ ایسے عناصر کی تعداد زیادہ دکھائی دیتی ہے جو دوسروں کو خودکشی تک مائل کرنے کی بھرپور کوشش کرتے ہیں۔یہاں ایسے ادیب ہیں جنہوں نے اپنے چہروں پر نقاب لگائے ہوئے ہیں ان کے اصل چہرے کچھ اور ہیں۔اس بات سے اندازہ لگالیں کہ حسن اتفاق سے ایک ادیب دوسرے ادیب سے بات کرر ہا تھا اور اس کی تمام تر گفتگو میرے کانوں تک پہنچ رہی تھی کہ میں دوسری طرف ان کی گفتگو براہ راست سن رہا تھا لیکن چوں کہ ان کو اس کا علم نہیں تھا تو وہ بے تکان بولے جا رہے تھے۔

وہ میرے حوالے سے بات کرتے ہوئے ایک بات کر گئے جس نے مجھے ہمیشہ کے لیے ان سے متنفر کر دیا ہے اور یہ بات میرے دل کے اندر رچ بس گئی ہے۔

''ہم نے بڑوں بڑوں کو سیدھا کرلیا ہے،اُسے بھی کرلیں گے۔''

بقول اختر عبدالرشید:

میں تو زہریلے سانپوں کو اب بھی دودھ پلاتا ہوں

یہ میری فطرت ہے اختر یا میری نادانی ہے

بچوں کی معروف ادیبہ ''حسن آراء'' کی یہ بات ایک اعزاز ہے کہ ''پوری دنیا آپ کو غلط بولے، میں ٹھیک بولوں گی، کیوں کہ میں آپ کو جانتی ہوں آپ کا کردار میرے سامنے کھلی کتاب ہے۔آپ باقی سب جیسے نہیں ہیں جو خواتین سے تعلقات بناتے ہیں وقت گزاری کے لیے''۔

میں نے رسائل کے رابطہ نمبر اور ای میل یکجا کر کے سب کو دیے تا کہ کوئی کسی سے مانگتا نہ پھرے لیکن اس کام پر بھی اور ایک دوسرے اہم ترین منصوبے پر بھی حق جتانے کی کوشش کی گئی تا کہ یہ دعوا نہ کیا جا سکے کہ ہم نے کچھ کیا ہے۔مجھے اس بات کی خوشی ہے کہ ماضی کی نسبت آج نئے قلم کاروں کے لیے یہ آسانی پیدا کی جا چکی ہے کہ وہ رسائل اور اخبارات کو با آسانی تحریریں ارسال کر سکتے ہیں اور یہ کوئی

معمولی بات نہیں ہے کہ ایک وقت تھا کہ جب نئے لکھنے والوں کی تحریروں کو زیادہ جگہ نہیں دی جاتی تھی۔ یہ اس وجہ سے نہیں کہ رہا ہوں کہ مواقع نہیں ملتے تھے۔ میرے کہنے کا مطلب ہے کہ زیادہ تعداد میں ان کو شائع نہیں کیا جاتا تھا کہ ان کے پاس ایسا کوئی ذریعہ تھا ہی کب کہ وہ اپنی تحریر کو فوری طور پر رسائل کو بھیج سکیں۔

یہ ایک ایسی شے ہے جس نے مقابلے کی فضا قائم کی ہے کہ جس کی تحریر اچھی ہوگی وہی مدیر سے سند پذیرائی حاصل کرتے ہوئے منظرِ عام پر آئے گی۔ ایک تقریب میں ایک لکھنے والے نے مجھے اس بات کا طعنہ دیا تھا کہ میں محض کالم نگار ہوں اور اچھے مضامین لکھتا ہوں۔ میں نے ان کو اپنی کہانیوں کے حوالے سے آگاہ کرنے کی کوشش کی تھی لیکن انھوں نے سنی ان سنی کر دی۔

اب میں ان کو کیا کہوں اگر زیادہ کہہ دیا تو پھر دل آزاری ہو جائے گی۔

کہنے والے جو بھی کہتے ہیں وہ کہہ لیں میں نے ادب اطفال میں اگر کوئی مقام حاصل کیا ہے تو اس کی بڑی وجہ یہ ہے کہ میں نے بغاوت کر کے اُن موضوعات پر لکھا ہے اور دلیری سے لکھا ہے جس پر صرف نجی محفلوں میں بات ہوتی تھی لیکن کھلے عام بات نہیں کی جاتی تھی۔ اگر کر دی جائے تو یہ بے ادبی شمار کی جاتی ہے۔ نام ور بھارتی شاعر راحت اندوری کا ایک قصہ آپ کو سنانا چاہوں گا۔

ایک مشاعرے میں راحت اندوری کے ساتھ کسی نے بدتمیزی کر دی تو انھوں نے اُس کے جواب میں کہا تھا کہ ''میں جس جگہ پر پہنچا ہوں، اُس تک آنے میں چالیس سال لگ گئے ہیں، مگر مجھے تمھاری جگہ تک پہنچنے میں محض ایک منٹ لگے گا۔''

یعنی آپ کہہ سکتے ہیں کہ ادب سے بے ادبی کا سفر محض ایک منٹ کا ہے مگر یہ آپ کی ساکھ عمر بھر کے لیے خراب کر دیتی ہے۔ میں نے ہمیشہ ہر ادیب کے احترام کو ملحوظ خاطر رکھا ہے لیکن میرے اس ادب کو اگر کوئی کمزوری سمجھے گا تو یہ اس کی غلط فہمی ہوگی، میں بھرپور جواب دینے کی طاقت رکھتا ہوں۔

☆☆☆☆☆

میں نے لکھنے کے ساتھ ساتھ کچھ اشاعتی اداروں کے لیے بھی کام کیا ہے اور اس دوران یہ بات اچھی

طرح سے سمجھ لی ہے کہ جب آپ کسی ادارے کے ساتھ کام کرتے ہیں تو آپ کو ان کے قوانین کے مطابق خود کو ڈھالنا پڑتا ہے۔

کچھ ادارے آپ کی خدمات کا بھرپور صلہ دیتے ہیں اور کچھ آپ کو وہ دیتے ہیں جن کی بدولت آپ تن تنہا بہترین کامیابی حاصل کر سکتے ہیں۔ ہمارے ہاں کچھ نوجوان جو ادب کی دنیا میں کچھ کر دکھانے کے لیے بے چین ہوتے ہیں ان کو جب اپنے مفادات کے لیے استعمال کیا جاتا ہے تو ایک دن جب وہ حقائق سے آگاہ ہوتے ہیں پھر وہ اپنے آپ سے شرمسار ہو جاتے ہیں کہ وہ کس طرح سے استعمال ہوئے ہیں اور ان سے فائدہ لینے والے کتنا نفع حاصل کر کے ان کو اکیلا چھوڑ دیتے ہیں۔

کچھ ایسے ہوتے ہیں جو کسی کی وجہ سے اپنے آپ کو ایسی جگہ پر لے آتے ہیں کہ ان کے آگے بڑھنے کے مواقع ختم ہو جاتے ہیں اور پھر ان کا تعلق ادبی دنیا سے ٹوٹ جاتا ہے۔

میں نے اکثر دیکھا ہے کہ جب کسی کا کوئی اچھا آئیڈیا ہو اور وہ ایسا ہو کہ جس سے آپ کی بھرپور شناخت بن سکتی ہو تو لوگ اس حوالے سے یہی کہتے ہیں کہ ایسا ان کے ذہن میں بھی آیا تھا۔ یہ عمومی طور پر تب ہوتا ہے جب کسی کے آئیڈیے پر عملی طور پر کام ہونے لگتا ہے اور اس کا بنیادی مقصد یہی ہوتا ہے کہ جس نے اس پر عمل کرنا ہے وہ اس سے باز رہے۔ میں نے ''قلم کتاب'' کی تشہیری مہم اور بطور معاون مدیر کام کرنا اسی آئیڈیے کے تنازعے پر چھوڑا تھا کہ میرے علم میں یہ بات آئی تھی کہ یہ کسی اور کا آئیڈیا ہے۔

میں ان دنوں اس کی تشہیر کے ساتھ مختلف ادیبوں کی تحریریں جمع کرنے پر بھی مامور تھا لیکن اسی دوران چند اور باتوں نے مجھے یہ سمجھا دیا کہ اس سے دوری بہتر ہے۔ اب سچائی اللہ تعالیٰ کو علم ہے لیکن انجانے میں کسی کے ساتھ زیادتی کا مرتکب نہ ہو جاؤں اس لیے میں نے کام کرنا گوارہ نہ کیا۔

یہ ایک الگ قصہ ہے کہ میرا تذکرہ اس کتاب کے اداریے میں کس انداز میں ہوا۔

ان سطور کو ادبی دنیا میں قدم رکھنے والے نوجوان ضرور سمجھیں تا کہ وہ مستقبل میں تکلیف سے بچ سکیں۔ اس حوالے سے خاص طور پر احتیاط کرنی چاہیے کہ کسی ایسے ادارے یا شخص کو اپنی کہانی یا نظم یا

دیگر تخلیقات نہ ارسال کریں جن پر آپ اعتبار نہیں کر سکتے ہیں کہ اگر انھوں نے آپ کے منفرد خیالات کو چوری کر لیا تو پھر آپ کسی کام کے نہیں رہیں گے۔ آپ کے پاس یہ حق ہے کہ اپنی تخلیقات کو کم سے کم ایک یا دو سال بعد کہیں اور شائع کروالیں کیوں کہ اگر زیادہ تاخیر ہوئی تو کوئی ان کی بنیاد پر کچھ نیا لکھ کر اپنی ساکھ بہتر کر سکتا ہے تاہم جو معیار آپ کا ہوگا وہ کسی اور میں کہاں آسکے گا۔

مجھے ادبی دنیا میں یہ بات بہت بری محسوس ہوئی ہے کہ جب تک آپ کی ضرورت ہو آپ کے ساتھ چلا جاتا ہے اور جب آپ کو اپنے استعمال ہونے کی خبر ہو تو آپ کو یوں سمجھانے کی کوشش ہوتی ہے کہ جیسے آپ کبھی کارآمد نہیں تھے اور دوسری خاص بات یہ ہے کہ آپ کی کامیابی سے لوگ خوش کم ہوتے ہیں اور اگر آپ کی وجہ سے کچھ اچھا ہو جائے تو بھی وہ آپ کو بھرپور انداز میں داد نہیں دیتے ہیں کہ کہیں آپ خود کو عظیم نہ سمجھنے لگ جائیں۔ اس لیے ان باتوں کو دھیان سے سمجھیں تاکہ بعدازاں آپ دلبرداشتہ نہ ہوں۔ یہ اس لیے کہہ رہا ہوں کہ جب ایک ادبی دنیا کے موصوف نے سرائے اردو پبلی کیشنز کے حوالے سے کہا کہ ''سرائے اُردو سے مقصد حاصل نہیں ہوگا، آگے آپ کی مرضی ہے۔''

اس نے یہ سمجھا دیا تھا کہ آپ کسی کے لیے بہت اچھا کر لیں تو بھی کوئی آپ کے حق میں مثبت نہیں سوچ سکتا ہے کہ جب کچھ کرنا ہو تو ایک ہی پلیٹ فارم سے بہت کچھ کیا اور کرایا جا سکتا ہوں لیکن جب اپنی دکان داری چمکانی مقصود ہو تو پھر کچھ یوں ہی بول کر دل توڑا جاتا ہے۔

یہ 2006 کی بات ہے۔

میں نے احاطہ عدالت میں ایک ایسے شخص کو دیکھا جس کی شاعری کو کسی نے چوری کر لیا تھا۔ اس کا ذہنی توازن اس چوری کے بعد خراب ہو گیا تھا۔

اس زمانے میں بہت کم لکھ رہا تھا اس وجہ سے تب میں نے اس بات پر زیادہ غور نہیں کیا تھا کہ یہ کتنا سنگین معاملہ ہے۔ مجھے اس بات کا عملی تجربہ ہوا تو مجھے غصہ آیا کہ یہ کیا ہے؟

آپ کو ایک بات کہوں کہ ہمارے ساتھ جب تک کچھ غلط نہ ہو تب تک ہمیں کسی اور کی تکلیف زیادہ محسوس نہیں ہوتی ہے۔ میں نے ایک مقابلے کے لیے تحریر ارسال کی تھی تو اس ادارے کی ایک خاتون

نے اس کو من وعن چوری کر لیا تھا اور مزے کی بات یہ ہے کہ انھوں نے اس تحریر کو اخبار میں بھی شائع کروا لیا تھا۔ اس کے بعد ایک اور واقعہ تب پیش آیا جب میری کچھ تحریروں کو ایک ویب سائٹ پر من و عن شائع کر لیا گیا تھا۔ یہاں حیرت انگیز بات یہ ہے کہ جس ویب سائٹ پر میں نے وہ تحریر شائع کروائی تھی وہ تحریریں بھی اسی ویب سائٹ پر شائع ہوئیں تھیں۔

میری خوش نصیبی تھی کہ اس سے پہلے وہ تحریریں چوں کہ بھاول پور کے اخبار میں شائع ہو چکی تھی تو میں نے ''چور کے نام خط'' کے عنوان سے مضمون لکھا اور اس کی اصلاح کی کوشش کی۔ میں نے بہت کم اپنی تحریروں کی چوری پر غصہ کیا ہے لیکن مجھے تکلیف اس بات پر زیادہ ہوتی ہے کہ ہماری تحریروں کو بلاوجہ روک لیا جاتا ہے اور یہ نہیں بتایا جاتا ہے کہ وہ کیوں شائع نہیں کی جا رہی ہیں۔

ان دنوں میں ایک وکیل کے ساتھ کام کر رہا تھا۔

مجھے کہیں سرکاری نوکری نہیں مل سکی تھی اس لیے ابو جی کی خواہش کے مطابق ان وکیل کے پاس کام کرنا قبول کر لیا تھا۔ لیکن خطیر آمدن کے باوجود مجھے یومیہ اجرت بہت کم دیتا تھا۔ چوں کہ ابو جی اچھا کما رہے تھے اس لیے مجھے یہی خوشی تھی کہ کچھ نہ کچھ کما رہا ہوں۔ اس دوران میں نے نائب قاصد تک کی نوکری کے لیے درخواستیں دی تھیں اور انٹرویو بھی دیا تھا لیکن پھر بھی وہ نوکری نہ مل سکی تھی کہ سب حیران ہوتے تھے کہ ایک وکیل کا بیٹا اس نوکری کے لیے اچھی تعلیم رکھ کر بطور نائب قاصد کام کرنا چاہتا ہے۔

میرے والد صاحب کی خواہش تھی کہ نوکری اچھی بس سرکاری ہی ہوتی ہے تو ہر نوکری کے اشتہار کو جہاں قابلیت پر پورا اترتا تھا میں درخواست ارسال کر دیتا تھا۔ اللہ تعالیٰ نے ہر انسان کا رزق مقرر کر رکھا ہے تو اس میں کوئی ہرج نہیں ہے کہ آپ حلال روزی کے لیے اپنا کوئی چھوٹا سا کاروبار یا نوکری کریں۔

میں نے اپنی طرف سے کوشش کی تھی تاکہ گھر کو چلانے کے لیے ابو جی کا ساتھ دوں۔

میں نے ایک تشہیری ادارے کے لیے مارکیٹنگ نمائندے کے طور پر بھی کام کیا ہے۔

یہ بات لکھتے ہوئے حیرت زدہ کر رہی ہے کہ اللہ تعالیٰ نے میرے لیے کچھ الگ مقرر کر رکھا تھا اور میں مختلف راہوں سے گزرتا ہوا اس مقام تک جا رہا ہوں جو میرے لیے طے کیا جا چکا ہے۔ اب یہی دیکھ

لیجیے کہ تشہیر کہانی کا آئیڈیا ادب اطفال میں بعد میں متعارف کروایا لیکن میں نے اس سے قبل تشہیری ادارے کے لیے کام کر لیا تھا یعنی میری تربیت وقت سے پہلے ہو رہی تھی۔

☆☆☆☆☆

میری کامیابی کی بڑی وجہ یہ ہے کہ میں نے ایسے موضوعات پر لکھنا شروع کیا جس پر لکھنا واقعی آسان نہیں تھا۔ یہ اپنی انفرادیت قائم کرنے کے لیے ضروری ہے وگرنہ آپ سالوں لکھتے رہیں آپ کا نام ایک مخصوص حلقے میں رہے گا اور سب سے اہم بات اپنی ذات پر بھروسہ کر کے آگے بڑھیں۔ اپنی پہچان بنانے کے لیے آپ کو منفرد اور الگ طرزِ عمل سے ادبی دنیا میں رہنے اور اپنے کام کو اُجاگر کرنے کے طور طریقے بھی آنے چاہیں۔ اس بات کو اپنے مضمون ''آیئے منفرد لکھاری بنیں'' جو کہ روزنامہ اساس، راولپنڈی میں یکم ستمبر 2022 کو شائع ہوا۔ اُس میں وضاحت کے ساتھ بیان کیا ہے۔

اس کا ایک اقتباس ملاحظہ کیجئے:

''آپ خود ٹھنڈے دل سے یہ بات سوچیں جو کردار پہلے ہی شہرت رکھتے ہیں ان کو لے کر کوئی ناول یا کہانی لکھنے سے وہ شاہکار تو نہیں بن سکتا ہے نا۔۔۔۔ جس نے وہ کردار تخلیق کیے وہ ان کو بہترین انداز میں پیش کرنے کی اہلیت رکھتا ہے۔ اگرچہ یہ ہوسکتا ہے کہ دیگر کوئی قلم کار ان کرداروں کو بہترین انداز میں پیش کر کے ان کرداروں کو مزید اُجاگر کر دے لیکن وہ کردار تو کسی اور کے ہی رہیں گے نا؟ اپنے تخلیق کردہ کرداروں کی بدولت اپنی ذات کو منوانا اور بات ہے اور کسی کے کردار کو پیش کر کے خود کو منوانا اور بات ہے۔ لیکن یہاں اگر ایسا ہو بھی جائے تو بھی آپ کی انفرادیت قائم نہیں ہوگی کہ آپ کی پہچان یہی ہوگی کہ یہ فلاں ادیب کے کرداروں کو لے کر کچھ لکھتا ہے۔ اپنی ساکھ اور شناخت آپ کو اپنی انفرادیت دکھانے پر علم ہو سکے گی۔ آپ کسی کے سہارے پر زیادہ دیر تک ادبی دنیا میں نہیں رہ سکیں گے کہ ہر پل کچھ الگ کرنا اور خود کو بدلتے وقت کے تقاضوں کے مطابق ڈھالنا ہی کسی ادیب کو دائمی شہرت اور پہچان دے سکتا ہے۔''

دل چسپ، معاشرتی اور مزاح سے بھرپور منفرد کہانیوں کا مجموعہ ''قسمت کی دیوی'' سرائے اُردو پبلی

کیشنز سے شائع ہوا۔ میں نے خود صاحب کتاب بننا چاہا لیکن فاکہہ قمر کی اولین کتاب ''انمول خزانہ'' بھی اسی کی وساطت سے سامنے آئی ہے جو ایک منفرد ریکارڈ ہے کہ کسی بھی اشاعتی ادارے نے پہلی دو کتب ایسی شائع کیں جو ادب عالیہ اور ادب اطفال میں قدم رکھنے والوں کی اولین کتب ہیں۔

ادب عالیہ کی تاریخ میں یہ اولین موقع ہوگا کہ جب کسی ادیب نے اپنی اولین کتاب اپنے ہی اشاعتی ادارے سے شائع کی ہو۔ یہ دونوں کتب ستمبر 2022 میں شائع ہوئیں اور ہاتھوں ہاتھ لی گئی ہیں یعنی ہماری کتب میں سوچ سے بڑھ کر دل چسپی لی گئی جو کہ اولین کتاب کے حامل ادیبوں کے لیے ایک خوشگوار احساس تھا۔ میں نے بچوں کے ادب میں شہرت حاصل کی لیکن صاحب کتاب بننے کا سوچا تو پھر ادب عالیہ میں ''قسمت کی دیوی'' کو سامنے لاکر خود کو اُن ادب اطفال ادیبوں کی فہرست میں شامل کرایا جو بیک وقت بچوں اور بڑوں کے ادیب تھے جو کہ میرے لیے ایک اعزاز ہے۔

یہ میرے لیے ایک خطرناک تجربہ تھا کیوں کہ میری شہرت بچوں کے ادب کے حوالے سے کام کرنے کی وجہ سے زیادہ تھی لیکن جس طرح سے کہانیوں کے حوالے سے مجھے رائے موصول ہوئی وہ میری توقع سے بڑھ کر تھا۔ جب مجھے یہ سننے کو ملا کہ ''بچوں کے بہت کم ادیب ایسے ہیں جنھوں نے ادب عالیہ میں زیادہ مقبولیت حاصل کی ہو۔''

اُس لمحے میں نے خود سے وعدہ کیا کہ میں نے یہ کر کے دکھانا ہے۔

میں نے بچوں کے ادب سے شہرت حاصل کی اور پھر ادب عالیہ کے میدان میں ''قسمت کی دیوی'' کو لا کر یہ ثابت کر دیا کہ اگر آپ کو اپنی ذات پر اعتماد ہے تو آپ شاندار کامیابی حاصل کر سکتے ہیں۔ ہم زندگی میں خطرات مول نہیں لیتے ہیں اس وجہ سے ہم کبھی کبھی کامیابی کے پاس آکر دور ہو جاتے ہیں یا منزل سے چند گز کے فاصلے پر حوصلہ ہار کر سب کچھ کھو دیتے ہیں۔

میں نے جب سے ہوش سنبھالا ہے کچھ لمحات کے سوا اپنے آپ کو مثبت رکھا ہے اور یہی وجہ ہے کہ میں نے لوگوں کی بھرپور تنقید کو سنتے ہوئے بھی اپنی جہد وجہد جاری رکھی اور وہ کر کے دکھایا ہے جس پر لوگوں کو شک تھا کہ میں ایسا نہیں کر سکتا ہوں۔ میں نے ''قسمت کی دیوی'' کے لیے کسی بھی نامور ادیب کی

رائے حاصل نہیں کی ۔ میں نے اکثر دیکھا ہے کہ کتاب کی مقبولیت کے لیے کئی احباب کی رائے شامل کی جاتی ہے تا کہ کتاب کی ساکھ بنائی جا سکے لیکن میں نے اس کی بجائے ایسی کہانیاں منتخب کیں جو میری کہانیوں کے مجموعے کو ایک منفرد شناخت کا حامل بنا دیں ۔

میں نہیں سمجھتا ہوں کہ کسی نام ور ادیب کی رائے کسی کتاب کو مقبول کر سکتی ہے ۔ یہ مقبولیت تب حاصل ہوتی ہے جب آپ کے لکھے میں جان ہوتی ہے اور قاری اُسے بھر پور پزیرائی دیتے ہیں ۔

مجھے اگر کوئی رائے لکھنے کی درخواست کرتا ہے تو پہلے پہل میں ضرور یہ بات کہتا ہوں کہ ''اپنے لکھے پر اعتبار کریں ۔'' تا کہ اُسے کچھ سمجھ آ سکے لیکن پھر ادیبوں کی ضد کے سامنے ہار مان لیتا ہوں اور ان کی خوشی میں خوش ہو جاتا ہوں ۔

☆☆☆☆☆

قاسم علی شاہ کا نام کسی تعارف کا محتاج نہیں ہے ۔

آپ بطور پروفیشنل اسپیکر، مصنف اور ٹریز پوری دنیا میں اپنی صلاحیتوں کا لوہا منوا چکے ہیں ۔ یہ میری خوش نصیبی ہے کہ سرائے اُردو پبلی کیشنز کے تحت شائع ہونے والی اولین کتاب "قسمت کی دیوی" کے حوالے سے انھوں نے اپنی رائے دی ۔ یہ میرے لیے بہترین اعزاز ہے جس پر ساری زندگی فخر کروں گا کہ جن سے بہت کچھ سیکھنے کو ملا ہے انھی کی جانب سے یوں بھر پور انداز میں حوصلہ افزائی کی گئی ہے ۔ انھوں نے کچھ یوں تبصرہ کیا:

''بچپن میں ہر بچہ کہانیاں سننے اور پڑھنے کا شوقین ہوتا ہے ۔ اگر کہانی نگار کو اپنے فن پر گرفت حاصل ہو تو وہ اس میڈیم کو بچوں کی تربیت اور ذہن سازی کے لیے بھر پور انداز میں استعمال کر سکتا ہے کیوں کہ بچپن کے معصوم واقعات اور سکھائے گئے اسباق ہمیشہ یاد رہتے ہیں ۔ ''ذوالفقار علی بخاری صاحب'' بھی ان چند خاص افراد میں سے ہیں جنھیں اللہ تعالیٰ نے سبق آموز مواد لکھنے کے فن سے نوازا ہے ۔ آپ کا شمار اردو ادب کے نامور ادیبوں میں ہوتا ہے جنھوں نے معاشرتی ، سماجی ، ادبی ، مزاحیہ کتب اور رسالوں کے ذریعے دلوں میں اپنا مقام بنایا ۔ زیر نظر کتاب ''قسمت کی دیوی'' آپ کی بہترین

تصنیف میں سے ہے۔جس میں کہانی ہی کہانی میں کئی اسباق پوشیدہ ہیں۔میری دعا ہے کہ اللہ تعالیٰ ''ذوالفقار علی بخاری صاحب'' کے قلم کو مزید روانی دے۔آمین۔''

سہ ماہی ''صنف آہن ڈائجسٹ'' کے دسمبر 2022 کے شمارے میں انمول خزانہ اور قسمت کی دیوی کا اشتہار شائع کر کے بلال محسن نے جو پزیرائی دی وہ میرے لیے ایک اعزاز ہے۔

کاش!اس طرح کا سلسلہ دیگر رسائل بھی شروع کریں تا کہ نئے ادیبوں کی حوصلہ افزائی ہو سکے۔

☆☆☆☆☆

عسکر واسطی صاحب کا بھارت سے تعلق ہے۔

مجھے کئی بھارتی ادیبوں سے بہت کچھ سیکھنے کو ملا ہے اور آگے بڑھنے کی تحریک بھی ملی ہے۔

عسکر واسطی اُن ہستیوں میں سے ایک ہیں جو مجھے ہمیشہ بھرپور محبت دیتے ہیں۔

انھوں نے الفجر ڈیجیٹل میگزین کے ساتویں شمارے کے اداریے میں سراہتے ہوئے جو داد دی وہ میرے لیے بہت اہمیت کی حامل ہے۔ان کی بھرپور حوصلہ افزائی مجھے یاد تھی۔جب میں ''شناخت'' نامی کہانی لکھ رہا تھا تو ایک کردار کو انھی کا نام دے کر تاریخ میں ہمیشہ کے لیے محفوظ کر دیا۔یہ کہانی ''قسمت کی دیوی'' کے مجموعے میں شامل ہے۔میرے خیال میں جو احباب سچی نیت اور خلوص کے ساتھ آپ کو آگے بڑھانے میں اہم کردار ادا کرتے ہیں ان کو سراہنے میں کنجوسی نہیں کرنی چاہیے۔الفجر ڈیجیٹل میگزین کی وساطت سے میرے کئی ادیبوں سے تعلقات قائم ہوئے ہیں۔عسکر واسطی صاحب کا ہمیشہ احسان مند رہوں گا کہ انھوں نے مجھے وہ توانائی دی جس سے میرے اندر مزید جنون، محنت اور جہد وجہد کا جذبہ بیدار ہوا۔

☆☆☆☆☆

بلال بشیر اولین ادبی دنیا کی ہستی ہیں جن کے ساتھ چار گھنٹوں کا وقت پتا ہی نہیں چلا کہ کیسے گزرا۔انھوں نے مجھے ہر لحاظ سے متاثر کیا۔ان میں جو جنون میں دیکھ رہا ہوں وہ شاید میرے اندر بھی کچھ ایسا ہی ہے اور یہ بچوں کو بہترین انسان بنانے کے ساتھ جس طرح سے ادب سے روشناس کروا

رہے ہیں وہ قابل تعریف ہے۔

بھارت کے بعد پاکستان میں جس ہستی نے بھرپور عزت افزائی دی وہ یہی بلال بشیر ہیں۔اگر چہ دیگر احباب نے بھی کوئی کسر نہیں چھوڑی ہے لیکن بلال بشیر پہلی ہی ملاقات میں بازی لے گئے ہیں اس لیے مجھے وہی کہنا پڑا جو میرے دل کی آواز ہے۔ بلال بشیر ماہ نامہ ''پیغام اقبال ڈائجسٹ'' راولپنڈی کے مدیر ہیں ۔میری کسی بھی رسالے کے مدیر سے ہونے والی یہ اولین طویل ملاقات آٹھ جنوری 2023 کو ہوئی۔ جو کہ بزم پیغام کے تحت ہونے والے کڈز میلہ کی بدولت ممکن ہو سکی تھی۔

صاعقہ علی نوری سے اولین ملاقات اسی کڈز میلے کی مرہون منت ہوئی اور یوں یادگار بن گئی تھی کہ انھوں نے اپنی کہانیوں کا مجموعہ ''طلسمی پنجرہ'' آٹوگراف کے ساتھ عنایت کیا۔اس روز مجھے بخار تھا لیکن نونہالوں کی مختلف مقابلوں میں بھرپور شرکت نے دل باغ باغ کر دیا تھا اور بطور لکھاری تعارف کروانے پر ان کی حیرانگی نے بھی خوشی دی۔اس طرح کی تقریبات ہی بچوں کو کتب اور کھیل سے جوڑ سکتی ہیں یہ بات اس دن بھرپور انداز میں سمجھ آ گئی تھی۔

عمار عباسی سے بھی اسی روز ملاقات ہوئی تھی۔اگر چہ یہ کم گو شخص ہیں لیکن بھرپور صلاحیتوں کے مالک ہیں۔ان سے ہونے والی ملاقات نے ان کو اچھی طرح سے جاننے کا موقع دیا اور خوشی ہوئی کہ اچھے لوگوں کو اچھے انسان مل ہی جاتے ہیں بس آپ کو جستجو کرنی پڑتی ہے۔

☆☆☆☆☆

فاکہہ قمر کا بچوں کے لیے لکھا گیا کہانیوں کا مجموعہ ''انمول خزانہ'' اشاعت کے بعد تحفے کے طور پر ایک ادیب کے پاس گیا تو انھوں نے پوری کتاب پر نشان لگا کر یہ ثابت کیا کہ فاکہہ قمر کتنی اچھی قلم کار ہیں۔ یہ ایک تحفے کی بھرپور تذلیل کہی جا سکتی ہے۔

آپ کسی نئے لکھاری کو سراہنے کا حوصلہ نہیں رکھتے ہیں تو پھر آپ کو یہ حق نہیں پہنچتا ہے کہ آپ کسی کو یوں اپنی نظروں سے گرا دیں۔

یہ موصوف ایک استاد ہیں۔

مجھے اس وقت بہت حیرت ہوئی جب یہ بات میرے علم میں آئی کیوں کہ ایک استاد کبھی اپنے طالب علموں کو ایسے نہیں سمجھاتا ہے جس طریقہ کار سے انھوں نے سمجھایا ہے۔ اس طرح کا واقعہ میرے ساتھ بھی پیش آیا ہے لیکن میں نے بڑے کھلے دل کے ساتھ نہ صرف قبول کیا بلکہ غلطیوں کی اصلاح بھی کروائی۔ دل چسپ بات یہ ہے کہ جنھوں نے غلطیوں کی نشاندہی کی۔ان کی نظر میں یہ بہت اہمیت کی حامل تھیں لیکن یہ کسی عام قاری کے لیے معمولی سی بات تھی۔ چوں کہ انھوں نے اس کو اہمیت کا حامل سمجھا ہے تب ہی انھوں نے اپنی جانب سے بہترین تجویز دی۔ لیکن میرے لیے خوشی یہ تھی کہ کوئی سنگین غلطی کم سے کم جملوں کی روانی میں رکاوٹ نہیں بنی تھی۔ ادبی دنیا سے ہٹ کر جو قارئین ہیں ان کی جانب سے ابھی تک اس پر کوئی اعتراض سامنے نہیں آیا ہے اور یہ اُن چند الفاظ کے حوالے سے بھی ہیں جو کچھ اور انداز میں اخبارات و رسائل میں لکھے جاتے ہیں لیکن عام رواج میں ہونے کی وجہ سے اس پر کھلے عام کم تنقید کی جاتی ہے۔

افسوس ناک امر یہ ہے کہ مجھ سمیت بہت سے لکھنے والے کہیں کوتاہی کر جاتے ہیں اور پھر کمزور یوں کی تلاش میں لگے احباب ان کو دیکھتے ہی چیخ اُٹھتے ہیں۔ کسی بھی کتاب میں دیے گئے پیغام کو سمجھنا اہمیت کا حامل ہے لیکن ہم اس کی بجائے غلطیوں کی نشان دہی کرنا ضروری سمجھتے ہیں۔

''قسمت کی دیوی'' جب شائع ہوئی تو ایک غلطی منظر عام پر آئی۔ جس نے کی تھی اُس کو بہت کچھ سوچ سمجھ کر معاف کر دیا۔ اس وجہ سے اس پر بات کرنا نہیں چاہتا ہوں لیکن یہ میرے لیے خوشی کی بات ہے کہ میں نے درگزر سے کام لیا تو دیگر احباب نے بھی اس پر کھلے عام بات نہیں کی۔ یہ اس وجہ سے اچھا ہوا ہے کہ جس کی وجہ سے ہوئی تھی وہ یہ سب دیکھ کر شاید برداشت نہ کر سکتا۔

کسی بھی صاحب کتاب کو اپنی کتاب میں کچھ غلط لکھا گیا ہے یا پھر کہیں کوتاہی ہے تو اُسے درست کرنے کا موقع دینا چاہیے تا کہ اگلے ایڈیشن میں درستی کر دی جائے لیکن ہم پہلے ہی تماشہ بنا کر سستی شہرت حاصل کرنا چاہتے ہیں۔

یہاں یہ واضح کر دوں کہ سنگین ترین معاملات پر نظر انداز کرنا خطرناک ہے۔

میرا ماننا ہے کہ ”لکھنے والوں کی اصلاح غیر محسوس انداز میں کی جائے اور ایک ہی بار میں کسی کو فرشتہ بنانے کی کوشش نہ کی جائے۔“

کچھ ایسا کتب کے تبصروں میں بھی کیا جاتا ہے تاکہ صاحب کتاب کی ایسی کی تیسی کردی جائے کہ اس نے اپنی تخلیقات کو منظر عام پر لانے کی جرات کی ہی کیوں ہے۔ اگرچہ کبھی تنقید درست بھی ہوتی ہے لیکن میرے مشاہدے میں آیا ہے کہ وہ جذباتی ہو کر لکھ دی جاتی ہے۔

ہم کہانی نویسوں کو رعایت دینے کے حق میں نہیں ہیں۔

میری اپنی ایک کہانی کی محض دو سطروں کو جس انداز میں ایک اور ہی رنگ دینے کی کوشش کی گئی وہ میرے لیے باعث حیرت ہے۔ افسوس ناک بات یہ ہے کسی نے کچھ کا کچھ سمجھ کر تبصرہ کر دیا حالاں کہ بات کچھ اور تھی اور اتنی سنگین نہیں تھی کہ تعلق میں گرہ لگالیں۔ اگر کسی لکھاری کے لکھے پر اعتراض ہے تو سب سے پہلے اس سے پوچھنا چاہیے کہ آپ نے جو لکھا اس کے محرکات کیا ہیں؟

اس کے بعد کسی پر تنقید کرنی چاہیے لیکن بہت سے احباب یہی سمجھتے ہیں کہ اگر کتابی صورت میں کچھ شائع ہو گیا ہے تو لکھاری کا گناہ ہے۔ اس پر اسے سنگسار کر دینا چاہیے۔

یہ سوچ بطور ادیب قابل نفرت ہے ایسا کسی ادیب کو نہیں کرنا چاہیے۔

میرے مشاہدے کے مطابق یہ سب اس لیے کیا جاتا ہے کہ کوئی کسی سے بہت اچھا لکھ رہا ہوتا ہے اور اُسے اوپر آنے سے روکنے کے لیے ایسا کرنا بہت ضروری ہوتا ہے۔ لیکن وار کرنے والے یہ بھول جاتے ہیں کہ اگر ان پر جوابی وار کیا گیا تو پھر وہ کہیں کے نہیں رہیں گے۔

کتاب کا قاری چاہے وہ بڑا ادیب ہے، نونہال ہے یا ادب کا شوقین ہے وہ کچھ پڑھ کر اپنی سوچ کو اچھا کر کے بہترین زندگی گزارنا چاہتا ہے یا تفریح حاصل کرنا چاہتا ہے۔ اگر کسی کو یہ سب غلطیوں کے باوجود مل جاتا ہے تو ادب کے وسیع تر مفاد میں اصلاح کرادی جانی چاہیے لیکن اس پر شور شرابہ کرنا غلط ہے۔

فاکہہ قمر کی ”انمول خزانہ“ میں شامل ایک کہانی ”ناپاک منصوبہ“ پر اعتراض ہوا کہ اس طرح کی کہانی

بچوں کے لیے مناسب نہیں ہے۔اس پر دلیل دی گئی تھی جو کہ حقیقت پر مبنی تھی۔

دل چسپ بات یہ ہے کہ اسی کہانی کو کئی احباب نے سراہتے ہوئے داد دی۔

جب میں نے یہ کہانی پڑھی تھی تب کتاب کی اشاعت کا فیصلہ ہو رہا تھا۔

میں نے اس کہانی کی بھرپور حمایت کی تھی کہ اس کو شائع ہونا چاہیے اور اس کے نتائج پڑھنے والوں پر چھوڑ دینے چاہیں اور پھر قارئین کا فیصلہ حتمی ثابت ہوا۔فاکہہ قمر کو خوشی ہوئی کہ میرا کہانی ''ناپاک منصوبہ'' کہانیوں کے مجموعے میں شامل کرانے کا فیصلہ درست ثابت ہوا ہے۔

ہماری زندگی میں کئی درست فیصلے غلط بھی ہو جاتے ہیں۔

میں نے ''قسمت کی دیوی'' کا سرورق ایک اچھے شخص کی وساطت سے بنانے کا فیصلہ کیا لیکن انھوں نے جس طرح کا سرورق بنوایا وہ میری ایک طرح سے تذلیل تھی۔

میں ان کی عزت کی وجہ سے خاموش رہا لیکن یہ تعلق میں ایک گرہ لگ گئی۔اپنی اولین کتاب کے لیے سرورق ایسا ہوگا جیسا انھوں نے بنوایا یہ میں نے کبھی سوچا بھی نہیں تھا۔

حیرت انگیز طور پر دوماہی ''مہک'' کراچی۔محراب پور کی مجلس مشاورت میں شامل ہوا۔جس پر غلام محمد ملک اور دیگر مدیران خاص کر آصف علی مہک کا احسان مند ہوں کہ انھوں نے مجھے اس قابل سمجھا۔جنوری،فروری 2023 کے شمارے میں اس خوش خبری کے ساتھ میری کہانی '' آزادی'' کی اشاعت نے ایسی خوشی دی جس کے لیے کبھی سوچا بھی نہیں تھا۔

☆☆☆☆☆

ریحان کوثر کا تعلق بھارت سے ہے۔ان کی زیر ادارت ماہ نامہ ''الفاظ ہند'' کامٹی سے شائع ہو رہا ہے۔یہ وسط ہند کا بچوں میں سب سے مقبول اردو میگزین ہے۔اپنی اشاعت کے دس سال مکمل ہونے پر ایک خاص شمارہ انھوں نے '' سو قلم کاروں کی سو لفظی کہانیاں'' کے تحت شائع کیا۔ یہ جنوری /فروری 2023 کا شمارہ تھا جس کے دلکش سرورق پر سو قلم کاروں کے نام نمایاں تھے۔ان سو قلم کاروں میں کہانی ''قسمت کی دیوی'' کی اشاعت کے باعث شامل ہوا۔ایک تاریخ ساز خاص شمارے میں تحریر

کی اشاعت نے بہت خوشی دی کہ میں بہترین لکھنے والوں کی صف میں شامل ہوں۔ یہ اللہ تعالیٰ کی کرم نوازی ہے کہ جو کبھی نہیں سوچا تھا وہ سب مل رہا ہے اور یہ سچی لگن کے ساتھ صاف نیت ہونے کا بھی اجر ہے۔

☆☆☆☆☆

مجھے اشاعتی ادارے ''سرائے اُردو پبلی کیشنز'' کے قیام نے بہت کچھ سمجھا دیا ہے۔

''قسمت کی دیوی'' کی اشاعت کے بعد مبارکباد تو وصول ہوئی لیکن بھرپور حوصلہ افزائی کا دعوا کرنے والوں نے کتاب خریدنے کی کوشش نہیں کی لیکن دیگر احباب نے جو خوشی دی۔

وہ میرے لیے انمول ہے۔

اسلام آباد سے تعلق رکھنے والے منصور احمد اعوان نے ''قسمت کی دیوی'' کی دس کاپیاں خرید کر حیرت زدہ کر دیا۔ جو احباب کہتے ہیں کہ آج کوئی کتاب پڑھنے والا نہیں ہے مجھے اس پر یقین نہیں ہے کیوں کہ اچھی کتاب ہر قاری پڑھنا چاہتا ہے۔ اپنی مدد آپ کے تحت سستی کتاب شائع کرنا یہ ثابت کر چکا ہے کہ آج ناشران مہنگی کتب شائع کر کے خود تو کما رہے ہیں لیکن ادیب کتاب کو کہیں بیچ نہیں سکتا ہے کہ مہنگی کتاب کون خریدے گا؟

عیشا صائمہ کی کتاب ''محبتوں میں حساب کیسا'' آٹھ سو روپے میں بکنے کے لیے پیش ہوئی لیکن مثبت نتائج نہیں ملے۔

''انمول خزانہ'' اور قسمت کی دیوی'' کی فروخت کے لیے منافع کی بجائے کتاب کو سستے داموں قاری تک پیش کرنا ہمارا مقصد تھا جس میں ہم کامیاب رہے ہیں۔ میں سمجھتا ہوں کہ سستی کتب شائع کی جائیں تو کئی بچے اور بڑے کتاب خریدیں گے۔ جس طرح سے ''انمول خزانہ'' اور ''قسمت کی دیوی'' کو خریدا گیا ہے۔ اس نے یہ بات اچھی طرح سے عیاں کر دی ہے کہ اگر کتب سستی اور معیار کی حامل ہوں تو خریدنے والوں کی کمی نہیں ہے۔ کتاب میلوں کے لیے قیمت پچاس فی صد تک کم کر دی جاتی ہے اگر یہی کتاب میلوں کی بجائے عام حالات میں سستی قاری تک پہنچ جائے تو پڑھنے والوں کی تعداد

میں خاطر خواہ اضافہ ہوسکتا ہے لیکن یہاں ناشران اپنی جیبیں بھرنے کی کوشش میں ہیں اگرچہ کئی کم قیمت کتب بھی شائع کرتے ہیں لیکن ان کی تعداد آٹے میں نمک کے برابر کہی جاسکتی ہے۔

ہمارے ہاں ایک تو غیر معیاری کتب کی اشاعت زیادہ ہوتی ہے اور دوسرا ان کی قیمت اتنی زیادہ رکھ دی جاتی ہے کہ پڑھنے والے جیب پر بوجھ پڑتا دیکھ کر خریدنے سے باز رہتے ہیں۔ اگرچہ اس حوالے سے سننے میں آتا ہے کہ دیگر اشیاء پر تو ہزاروں روپے خرچ کر دیے جاتے ہیں لیکن کتاب پر پیسہ نہیں لگایا جاتا ہے تو میں یہاں یہ کہنا چاہوں گا کہ جب سستی اور بہترین کتاب شائع کی جاسکتی ہے تو ناشران مہنگی کتاب شائع کرکے اپنا تو فائدہ حاصل کرلیتے ہیں لیکن ادیب بیچارے یہ دیکھ کر کہ وہ صاحب کتاب ہو گئے ہیں سب بھول جاتے ہیں۔ یہ افسوس ناک امر ہے کہ ہمارے ہاں بھاری بھرکم انعامات مواد کی بجائے اکثر کتاب کی ظاہری حالت کو دیکھنے پر دیے جاتے ہیں یہ نہیں دیکھا جاتا ہے کہ جن کتب کو انعام دیا جاتا ہے وہ کتنی تعداد میں شائع ہوئی اور کتنی تعداد میں بچوں یا بڑوں نے اسے پزیرائی دی ہے۔ مجھے ایک ادیب نے کہا کہ فلاں ادیب کی کتب تو زمین پر پڑی ہوتی ہیں۔

دلچسپ بات یہ ہے کہ انھی کے ایک قریبی دوست ادیب کی اور اُن ادیب کی ایک ساتھ کتب دیکھ کر افسوس ہوا۔

یہ ایک دوسرے سے اختلاف کرنے والے ادیبوں کی کتب کا حال بتا رہا ہوں۔

یہ حقیقت پر مبنی ہے اور میرے پاس اس کا ثبوت بھی موجود ہے جو کبھی عیاں نہیں کیا ہے۔

جو کتب کو زمین پر پڑا دیکھ کر خوشی کا اظہار کرتے ہیں مجھے ان کی ذہنی حالت پر افسوس ہوتا ہے۔

ایک مضمون ''کتابوں سے عشق ہے تو کتب زمین پر کیوں؟'' مارگلہ نیوز انٹرنیشنل اسلام آباد کے 21 فروری تا 27 فروری 2022 کے شمارے میں شائع ہوا۔ اس کا ایک اقتباس آپ کو کچھ سوچنے پر مائل کرنے کے لیے پیش کر رہا ہوں۔

''وہ تمام احباب جو کتب سے محبت رکھتے ہیں ان میں سے اکثر یہ سوچتے ہیں کہ کسی کو پرانی کتاب تحفے میں دینے سے بہتر ہے کہ وہ نئی خرید کر دیں۔ اس سے نئی کتب کو تو خوبصورت الماری میں جگہ مل جاتی

ہے لیکن پرانی اور بوسیدہ کتابیں جو اپنے مالک کی بے اعتنائی یا دنیا سے گزر جانے کے بعد لا وارث ہو جاتی ہیں۔ان پر جو ستم گزرتا ہے وہ بے زبان ہوتی ہیں تو بتا نہیں سکتی ہیں کہ ان پر کیا گزری ہے لیکن ان کی حالت زار کسی بھی کتب کے شوقین کو اپنا حال ضرور بتا دیتی ہے کہ یہ کتنے سرد و گرم حالات سے گزر چکی ہے۔وہ کتب جو زمین پر رکھ کر بیچی جاتی ہیں اگر چہ وہ کسی نہ کسی فرد کی روزی روٹی کا سبب بن رہی ہیں لیکن یہ افسوس ناک بات ہے کہ کسی بھی ایسے ادیب کی کتب جو برسوں قارئین سے پزیرائی حاصل کرتا رہا ہے وہ بعد از مرگ اس قدر بے وقعت ہو جائے کہ اس کی کتب زمین پر پڑی ہوں تو یہ ایک المیہ کہا جا سکتا ہے اور دوسری طرف شاید یہ بھی کہا جائے تو غلط نہ ہوگا کہ اُس کی کتاب کسی ایسے شخص کے ہاتھ لگی تھی جسے کتاب سے محبت اور اس کے تقدس کا علم نہیں تھا۔اگر دور حاضر کے ادیبوں کی بات کی جائے تو یہ بھی المناک صورت حال ہوگی کہ اپنے زعم میں شہرت یافتہ خود کو سمجھنے والے یا پھر نامور ادیب اپنی کتاب کو زمین پر پڑا دیکھیں تو کس قدر دلگیر ہو جائیں گے۔دوسری بات یہ کہ ان کی وہی کتب جو زمین پر رکھ کر بیچی جا رہی ہیں وہی برسوں بعد انمول ہو جائیں اور بھاری قیمت پر خریدی جائیں گی۔''

راقم السطور کی خواہش ہے کہ بچوں کے لئے پاکٹ سائز کتب کے چند مخصوص موضوعات پر کہانیوں کے مجموعے ایک سیٹ کی صورت میں شائع کیے جائیں جو سچائی نمبر، جھوٹ نمبر، اچھائی نمبر، اسلام نمبر، سیرت النبی صلی اللہ علیہ وآلہ وسلم نمبر، وطن دوستی نمبر، سائنس فکشن نمبر اور سائبر کرائم نمبر یا دیگر خاص عنوان کے تحت شائع کیے جائیں جس میں مختلف لکھنے والوں کی کہانیوں ہوں تا کہ بچوں کو اپنے پسندیدہ مصنف کے انتخاب کا موقعہ ملے اور آیندہ اُس کی کتب پڑھنے کو اپنا معمول بنا لے۔دور حاضر میں بچوں کو کتب سے دوستی کروانے میں یہ سلسلہ بہت اہم کردار ادا کر سکتا ہے۔

☆☆☆☆☆

میں نے جب سے ہوش سنبھالا ہے یہی سنا ہے کہ اردو قومی زبان ہے لیکن سرکاری طور پر اس کا نفاذ ممکن نہیں ہو رہا ہے۔اس کی ایک بڑی وجہ میں نے مضمون ''ادب اطفال اور اُردو زبان کا فروغ'' میں بیان کیا تا کہ ادب اطفال پر توجہ دی جائے اور جو خواب کئی برسوں سے ہم دیکھ رہے ہیں وہ پورا ہو سکے۔

''پاکستان میں ادب اطفال قلم کاروں کو خاص کر جو اُردو زبان کی ترویج وترقی کے لئے کام کر رہے ہیں ان پر اس وجہ سے بھی خاص توجہ نہیں دی جاتی ہے کہ وہ اس ملک کے بچوں کو اردو زبان وادب سے واقف کرنے کے ساتھ ساتھ اردو سے گہری محبت بھی پیدا کرنے میں اہم ترین کردار ادا کر رہے ہیں۔ کسی بھی زبان کے فروغ کے لئے اُس میں لکھا جانے والا ادب اہم کردار ادا کرتا ہے۔ ہمارے ہاں ادب اطفال قلم کار نا مساعد حالات کے باوجود اپنی جہد وجہد جاری رکھے ہوئے ہیں تا کہ اُردو زبان سے بچوں کو محبت ہو اور قومی زبان کو سیکھ کر وہ ایک دوسرے کے ساتھ بہترین روابط قائم بھی کر سکیں۔ جب بچوں کو اُردو بولنا، پڑھنا اور لکھنا آ جائے گی تو پھر وہ وقت دور نہیں ہوگا جب اس ملک کی صرف کاغذات میں نہیں بلکہ عملی طور پر یہی زبان سرکاری طور پر رائج ہو سکے گی۔ پاکستان میں سرکاری سطح پر اُردو زبان کے نفاذ میں ناکامی کی بڑی وجہ یہ ہے کہ ہم ادب اطفال سے بے اعتنائی برت رہے ہیں۔اس بات کے پیچھے ایک بڑی دردناک کہانی ہے۔''

پاکستان میں بچوں کے ادب کے فروغ کے لئے جہاں اچھی کوششیں ہوئی ہیں وہیں اس بات سے انکار نہیں کیا جا سکتا ہے کہ بچوں کو مطالعے کی جانب مائل کرنے کے لئے بھر پور انداز میں اقدامات نہیں کیے گئے ہیں جس کی وجہ سے رفتہ رفتہ بچے رسائل اور کتب بینی سے دور ہوتے چلے گئے ہیں۔اس کی بہت سی وجوہات ہیں اس حوالے سے اساتذہ، والدین اور قلم کار قصوروار ہیں۔اگر بچوں کا تعلق کتب سے جوڑا جاتا تو آج لاکھوں بچے کتب اور رسائل سے جڑے دکھائی دیتے۔

☆☆☆☆☆

اکادمی ادبیات پاکستان کی جانب سے کرائی جانے والی اولین تین روزہ بین الاقوامی کانفرنس (بچوں کا ادب: ماضی، حال اور مستقبل) کی کامیابی ایک ناقابل یقین لمحہ ہے۔

31 اکتوبر سے 2 نومبر 2022 تک مختلف موضوعات پر ملک بھر سے آئے اسکالرز، ادیبوں اور نامور شخصیات نے بچوں کے ادب کے حوالے سے قیمتی گفتگو کی۔اس کی روشنی میں اگر مستقبل کے لیے منصوبہ بندی کی گئی تو قوی یقین ہے کہ پاکستان میں بچوں کے ادب میں انقلاب برپا ہوسکتا ہے۔

اس کانفرنس میں مختلف اسکولوں کے بچوں نے شرکت کر کے چار چاند لگا دیے تھے۔اس کانفرنس کی شاندار کامیابی پر جناب انجینئر امیر مقام (مشیر وزیر اعظم برائے سیاسی، عوامی اور قومی ورثہ وثقافت ڈویژن)، محترمہ فارینہ مظہر (سیکرٹری ورثہ وثقافت ڈویژن)، ڈاکٹر یوسف خشک (چیئر مین اکادمی ادبیات پاکستان)، اختر رضا سلیمی اور ڈاکٹر ریاض عادل اور دیگر احباب جنھوں نے اس کی کامیابی کے لیے بھرپور کام کیا وہ سب بھرپور شاباشی کے مستحق ہیں۔اکادمی ادبیات پاکستان کے قیام کے بعد سے اگرچہ ادب کے فروغ کے حوالے سے کئی کارہائے نمایاں سرانجام دیے جا چکے ہیں لیکن بچوں کے ادب کے حوالے سے تین روزہ کانفرنس (بچوں کا ادب: ماضی، حال اور مستقبل) کی بدولت جناب انجینئر امیر مقام، فارینہ مظہر، ڈاکٹر یوسف خشک اور ان کے ساتھیوں کا نام ادب اطفال کی تاریخ میں ہمیشہ کے لیے امر ہو گیا ہے۔جن اسکالرز، قلم کاروں اور شعراء نے اپنے مقالہ جات، کہانیوں اور شاعری کو پیش کیا وہ تاریخ کا حصہ بن چکے ہیں اور ان کے پیش کیے جانے والے ادبی خزانے کی کتابی صورت میں اشاعت مستقبل کے مورخ کے لیے ایک قیمتی اثاثہ ہو گی۔جن بچوں نے اس کانفرنس میں شرکت کی وہ یقینی طور پر مطالعے کی اہمیت کو جاننے کے بعد کتاب سے جڑے رہنے کو ترجیح دیں گے۔

میں نے کانفرنس میں مدعو کیے گئے بچوں میں ماہ نامہ انوکھی کہانیاں، کراچی میں شائع ہونے والی آپ بیتی کے شمارے تقسیم کیے۔

بچوں کو رسالہ تحفے میں ملتا دیکھ کر جو خوشی ہوئی وہ اپنی جگہ بہت خاص ہے۔

مجھے 75 سالوں میں پہلی مرتبہ سرکاری سطح پر ہونے والی اس کانفرنس میں شرکت کا موقع ملا جس کی بدولت بہت کچھ نہ صرف سیکھنے کو ملا ہے بلکہ کئی ایسے نامور ادیبوں سے ملنا ممکن ہوا جن کے نام بچپن سے رسائل میں دیکھ رہا تھا۔اختر عباس، کاوش صدیقی، ابن آس محمد، علی حسن ساجد، فاروق دانش، محمد فیصل شہزاد، راحت عائشہ، نمرہ ملک، عرفات ظہور، عاقب جاوید، عبدالرحمٰن مومن، محمد نعیم امین، رابنسن سموئیل گل، محمد مزمل صدیقی، محمد جنید صدیقی، عبید رضا، اعظم طارق کوہستانی، محمد اشرف کمال، ڈاکٹر شیر علی خان، ڈاکٹر فضیلت بانو، ندیم اختر، امان اللہ نیر شوکت، علی عمران ممتاز، قاری عبداللہ، خواجہ مظہر

صدیقی، خلیل جبار، محمد نوید مرزا، نور محمد جمالی، ببرک کارمل، جدون ادیب، راج محمد آفریدی، ضیا اللہ خان ضیا، ڈاکٹر اسحاق وردگ، امجد اسلام امجد، محمود شام، تسنیم جعفری، یاسر فاروق، ملک محمد احسن اور چند دیگر ادیبوں سے ملنا یادگار رہا۔

احمد رضا انصاری سے ملاقات بہت دل چسپ رہی۔ اس کو اپنی زندگی کے قصے سنائے تا کہ اس میں خود اعتمادی زیادہ ہو اور وہ مزید بہترین کام کر سکے۔

اس تاریخ ساز تین روزہ بین الاقوامی کانفرنس (بچوں کا ادب: ماضی، حال اور مستقبل) کے پہلے دن کے اولین اجلاس میں مجھے مقالہ پڑھنے کا شرف حاصل ہوا۔ میں نے اس سے قبل کبھی مقالہ نہیں پڑھا تھا لیکن اپنی ذات پر یقین تھا کہ میں ایسا کر سکتا ہوں۔

ڈاکٹر روش ندیم نے جب مجھے مقالہ پڑھنے کو کہا تو اس تاریخ ساز کانفرنس میں مجھے پہلا مقالہ پڑھنے کا اعزاز حاصل ہوا جو کہ میرے لیے بہت اہمیت کا حامل ہے کہ 2019 میں ادب اطفال میں قدم رکھا تھا اس وقت یہ وہم و گمان میں نہیں تھا کہ ایک دن عالمی سطح کی کانفرنس میں اولین مقالہ پڑھوں گا۔

میرے مقالے کا عنوان ''موجودہ عہد میں ادب اطفال کی اہمیت و افادیت'' تھا۔

اس کا مختصر اقتباس پیش کرتا ہوں۔

''انسان لکھنا، پڑھنا اور بولنا روز اول سے ہی چاہتا ہے اس لیے یہ نہیں ہو سکتا ہے کہ وہ اس سے دور ہو جائے۔ جب تک بچوں کا ادب ایسی دل چسپ چیزوں پر تخلیق نہیں ہوگا کہ وہ پڑھنے کی طرف مائل ہوں تب تک وسیع پیمانے پر بچوں کو نصابی کتب سے ہٹ کر رسائل و جرائد کی جانب مائل نہیں کیا جا سکتا ہے۔ اگر بچوں کو رسائل و جرائد و کتب بینی کی طرف مائل کرنا ہے تو پھر آپ کو شفاف جملہ سازی اور مکالموں سے بچوں کے دلوں کو جیتنا ہوگا کہ تفریح کے لیے عامیانہ سوچ کی بجائے مثبت طرز کی کہانی سے ہی دل چسپی پیدا کی جا سکتی ہے۔''

وقت کی کمی کی وجہ سے مجھے اہم نکات بیان کرنے کا موقع مل سکا لیکن یہ نہیں کہوں گا کہ جو کہنا چاہتا تھا وہ رہ گیا تھا۔ میں نے اپنی بات کو مختصر لیکن جامع انداز میں پیش کر دیا تھا۔

میں بچوں کے ادب میں سنجیدگی سے کام کرنا چاہتا ہوں اس لیے بہت سوچ سمجھ کر کچھ ایسا کرنے میں مصروف ہوں جس سے بچے از سرنو کتب سے محبت کرنا شروع ہو جائیں اور موبائل فونز سے دوری اختیار کریں۔ میری خواہش ہے کہ اکادمی ادبیات پاکستان کی طرف سے بچوں کے ادب پر کام کرنے والے ادیبوں پر بلاامتیاز تحقیقی مقالہ جات لکھوائے جائیں۔ اس حوالے سے دورحاضر کے ادیبوں پر سب سے پہلے کام کرائے جانے کی ضرورت ہے۔

ادیبوں کی ذاتی زندگی، ان کی تخلیقات، کتب اور دورحاضر میں ادیبوں کی تحریروں کا بچوں کی نفسیات پر اثرات کے حوالے سے کام ہونا چاہیے۔ اس حوالے سے تمام لکھنے والوں پر کام ہونا چاہیے محض چند ناموں پر کام نہیں ہونا چاہیے جس کی خدمات جتنے عرصے کی ہیں ان پر اسی اعتبار سے تحقیق ہونی چاہیے۔

بچوں کے ادیبوں کی کتب پر انعامات کے لیے نونہالوں کی رائے لے کر انعامات دینے کا آغاز ہونا چاہیے تاکہ جو ادیب جتنا بچوں میں مقبولیت رکھتا ہے اسی کے مطابق ان کی کتب پر انعامات ہونا چاہیے۔ اس حوالے سے ایسا طریقہ کار وضع کیا جانا چاہیے کہ کہیں جانبداری سے ایک ہی ادیب کو انعامات ہر برس نہ ملیں۔

ہمارے ہاں کتب پر انعامات دینے کا رواج ہے جو کہ ایک لحاظ سے بہترین ہے لیکن میرے خیال میں جو کتاب لانے کی استطاعت نہیں رکھتے ہیں لیکن وہ بھرپور ادبی کام کر رہے ہیں تو ان کو بھی سراہنا چاہیے۔ ہمارے ہاں جس طرح سے ایوارڈز کی بندر بانٹ ہوتی ہے وہ افسوس ناک ہے خاص کر کتب پر انعامات زیادہ دیے جاتے ہیں بے شک کچھ کتب اچھی اور معیاری ہوتی ہیں لیکن جو اچھا لکھ سکتے ہیں اور وہ کتب سامنے نہیں لا سکتے ہیں کہ ان کے پاس بھاری رقم کتاب کی اشاعت کے لیے نہیں ہوتی ہے۔ ان کے ساتھ یہ زیادتی کئی برسوں سے ہو رہی ہے اور میرے خیال میں سرکاری سطح پر اس کا تدارک ہونا چاہیے۔ اس حوالے سے اکادمی ادبیات پاکستان کو کام کرنا چاہیے اور ہر سال مسودہ جات منگوا کر بہترین تین لکھاریوں کے کام کو کتابی صورت میں سامنے لانا چاہیے۔ اس حوالے سے بھی کوشش

کی جانی چاہیے کہ ایک ادیب کی کتاب شائع ہو جائے تو پھر کم سے کم پھر تین یا پانچ سال بعد اس کی اگلی کتاب شائع کی جائے تا کہ دیگر ادیبوں کی حق تلفی نہ ہو سکے۔

پاکستان میں بچوں کے ادب کے فروغ کے حوالے سے تین روزہ بین الاقوامی کانفرنس کے ساتھ ایک اور تاریخ ساز کام بھی کیا گیا ہے۔ اس حوالے سے اکادمی ادبیات پاکستان کے چیئر مین ڈاکٹر یوسف خشک اور ان کے مخلص ساتھی خراج تحسین کے مستحق ہیں کہ انھوں نے ایسے ادیب جنھوں نے 1947 سے 1975 کے عرصے میں بچوں کے لئے لکھا، جنھوں نے 1976 سے 2000 تک کے عرصے میں بچوں کے لئے لکھا اور جو 2001 سے تا حال لکھ رہے ہیں ان کی تخلیقات پر مبنی خاص شمارے شائع کیے ہیں۔ یہ میری خوش نصیبی ہے کہ شمارہ نمبر 20، جنوری تا مارچ 2022 کے ڈائمنڈ جوبلی نمبر (جلد سوم) میں ''روزے دار'' کے عنوان سے کہانی شامل ہوئی جو مجھے تاریخ میں امر کر گئی ہے۔ 1947 سے تا حال بچوں کے لئے پیاری پیاری نظمیں لکھنے والے شعراء کی شعری تخلیقات بھی ایک خاص شمارے میں سامنے لائی جا چکی ہیں۔

پاکستان کی تاریخ میں ادب اطفال ادیبوں کو خراج تحسین پیش کرنے کی ایسی اور کوئی مثال نہیں ملتی ہے اگر چہ نجی سطح پر ایسا کام ہوتا رہا ہے لیکن سرکاری سطح پر یہ کام خاص اہمیت کا حامل ہے کہ پہلی مرتبہ کیا گیا ہے۔ میں سمجھتا ہوں کہ 2021 سے ادب اطفال میں جس طرح سے بے شمار نئے ادیبوں نے کام کیا ہے اور نامور ادیبوں نے اپنا کردار ادا کیا ہے اُس نے سرکاری سطح پر بچوں کے ادب کی کانفرنس کا انعقاد یقینی بنایا ہے۔ اگر 2021 اور 2022 میں بھر پور ادبی سرگرمیاں نہ ہو رہی ہوتیں تو پھر اس کا ہونا ناممکن تھا۔ برسوں سے ادب اطفال میں مخصوص احباب کا نام ہے۔ ہمیں کہیں نئے لوگ کچھ خاص کرتے نہیں دکھائی دیتے ہیں۔ میں نے 2021 سے یہ رجحان لانے کی کوشش کی ہے کہ نوجوان ابھر کر سامنے آئیں اور اپنے آپ کو نامور ادیبوں کے مقابلے میں منوائیں۔ جب تک میری زندگی ہے میں کسی مطلب کے بنا نئے لوگوں کو سامنے لانے اور بہترین کام کرنے پر توجہ مرکوز رکھوں گا۔ ان شاء اللہ تعالیٰ

☆☆☆☆☆

میری ادبی دنیا میں کامیابیوں نے میری والدہ شاہینہ لودھی کو بے حد شاد کیا ہے۔

میں نے کئی بار ان سے تذکرہ کیا ہے۔

انھوں نے ہمیشہ حوصلہ افزائی کی ہے اور کہا ہے کہ جب تک تم صاف نیت کے ساتھ کام کرتے رہو گے یوں ہی آگے بڑھتے رہو گے۔ یہ میرے لیے بے حد خوشی کی بات ہے کہ ان کی زندگی پر ایک مضمون ''اماں جی'' لکھ کر خراج تحسین پیش کر دیا ہے۔ یہ روزنامہ شہباز، پشاور میں یکم مارچ 2022 کو شائع ہوا تھا۔اسی طرح سے ادبی دنیا میں بھی ہونا چاہیے کہ جو اچھا کام کر رہے ہیں ان کو زندگی میں ہی سراہنا چاہیے۔

محمد جعفر خونپوریہ نے سرائے اُردو پبلی کیشنز کو سامنے لانے میں اہم ترین کردار ادا کیا ہے۔ اگرچہ ان کا اپنا پبلی کیشن ادارہ بھی تھا لیکن انھوں نے میری خواہش کو دیکھتے ہوئے پاکٹ سائز کتب ''منکومیاں''، ''میں اقبال ہوں''، ''فلائنگ چپل''، اور ''سپر ہیرو'' کی اشاعت کر کے میری دلی خواہش کو پورا کیا جس نے بعدازاں ''انمول خزانہ'' اور ''قسمت کی دیوی'' کو سامنے لانے میں اہم کردار ادا کیا اور میرے سستی کتب کی اشاعت کے خواب کو سچ کر دکھایا۔محمد جعفر خونپوریہ نے پاکٹ سائز کہانیاں ''باغی''، ''منکومیاں''، ''میں اقبال ہوں'' اور ''موت کا فرشتہ'' شائع کیں تو دل باغ باغ ہو گیا تھا۔

یہ لمحات احساس دلوا رہے تھے کہ ہم بھی اُن ادیبوں میں شامل ہو چکے ہیں جن کے اسی طرح کے مجموعے شائع ہوتے تھے۔

معروف ادیب محمد فیصل علی کا بچوں کے لیے کہانیوں کا مجموعہ ''کہانیوں کا حملہ'' سرائے اُردو پبلی کیشن کی تیسری کتاب تھی جو شائع ہوئی ہے۔محمد فیصل علی کا ہم نے انٹرویو لیا تھا جو کہ اکتوبر 2022 کے ماہنامہ جگنو، لاہور میں شائع ہوا۔محمد فیصل علی نے سرائے اُردو پبلی کشن پر جو اعتماد کیا اُس نے ادارے کی ساکھ کو مزید مستحکم کر دیا ہے۔ میرے خیال میں یہ اراکین سرائے اُردو بالخصوص دانیال حسن چغتائی اور رفا کہہ قمر کے لیے باعث فخر ہے کہ گنتی کی چند کتب کی اشاعت کے بعد سرائے اُردو پبلی کیشن مقبول ہو چکا ہے۔

اس مقبولیت نے دیگر ناشران کو بتا دیا ہے کہ ہم کسی سے کم نہیں ہیں لیکن اہم ترین بات یہ ہے کہ ہم نے ثابت کر دیا ہے کہ سستی کتب شائع کی جا سکتی ہیں۔

محمد احمد رضا انصاری کی ''صدیوں کے آسیب''، ہما اسلم کی ''خوشبو کا محل'' اور مفتی محمد طلحہ ارشاد کی ''تفسیر سورت فاتحہ'' کی کامیاب اشاعت نے سرائے اُردو پبلی کیشن کو شناخت دی ہے۔

ابھی آغاز سفر ہے، چند برس بعد علم ہو گا کہ ہم کتنے کامیاب ہیں۔

ہمیں ادیبوں کے اعتماد کو حاصل کرنا ہے اور معیار برقرار بھی رکھنا ہے تا کہ طویل عرصے تک کام کر سکیں۔

☆☆☆

میں نے کامیابی کے لیے بہت کچھ برداشت کیا ہے اور حوصلے سے جنگ لڑی ہے۔

اپنے آپ کو جہاں مناسب سمجھا ہے وہیں منوانے کی کوشش کرتے ہوئے کامیابی حاصل کی ہے۔ اپنی ناکامیوں سے سیکھا ہے لیکن دوسروں کی غلطیوں کو بھی اپنی کامیابی کی سیڑھی بنایا ہے۔

مجھے مشکلات سے لڑنا اور خود کو منوانے کا ہنر آتا ہے کہ میں ''جی دار'' ہوں۔

میں نے اپنی زندگی کے مثبت اور منفی پہلو آپ کے سامنے رکھ دیے ہیں تا کہ آپ میری ذات کو بھرپور انداز میں سمجھ سکیں۔ ادیب انسان ہے اس میں ہزار خامیاں ہو سکتی ہیں اس لیے انھیں فرشتہ سمجھنے کی غلطی نہیں کی جانی چاہیے کہ وہ بہک سکتے ہیں۔

میں کسی کا غلام بن کر اپنی آزادی نہیں بیچ سکتا ہوں۔

مجھے یقین ہے کہ جو کچھ میرے لیے ہے وہ کوئی کتنی کوشش کر لے وہ مجھے ملے گا۔

مجھے فساد پھیلانے کا شوق نہیں لیکن جو مجھے دیوار سے لگانے کی کوشش کرے گا پھر میں اپنی بقاء کی جنگ لڑوں گا کہ نظریات سے اختلافات کا مطلب یہ نہیں ہوتا ہے کہ آپ کسی کی ساکھ مجروح کریں یا پھر اُسے نیچا دکھا کر اپنی انا کی تسکین پوری کریں۔

میں نے اپنا کام کرنا ہے اور کرتے رہنا ہے کہ مجھے کام کے علاوہ کسی کے رویے کی پروا نہیں ہے۔ اس لیے خاموشی سے سفر جاری رکھوں گا۔

مجھے سعادت حسن منٹو کی طرح وہی لکھنا ہے جو سچ ہے۔
جو سچائی پڑھنا یا سننا برداشت نہیں کر سکتے ہیں وہ اپنی آنکھیں اور کان بند کر لیں۔
میری تحریروں کو جب تک پسند کیا جائے گا تب تک لکھتا رہوں گا۔ انشااللہ تعالیٰ

☆☆